가을엽서

_ 안도현

한 잎 두 잎 나뭇잎이
낮은 곳으로
자꾸 내려앉습니다
세상에 나누어줄 것이 많다는 듯이

나도 그대에게 무엇을 좀 나눠주고 싶습니다

내가 가진 게 너무 없다 할지라도
그대여
가을 저녁 한때
낙엽이 지거든 물어보십시오
사랑은 왜
낮은 곳에 있는지를

우리사랑학생부

비스듬히

_ 정현종

생명은 그래요
어디 기대지 않으면 살아갈 수 있나요?
공기에 기대고 있는 나무들 좀 보세요.

우리는 기대는 데가 많은데
기대는 게 맑기도 하고 흐리기도 하니
우리 또한 맑기도 하고 흐리기도 하지요.

비스듬히 다른 비스듬히를 받치고 있는 이여.

우리사랑청년부

우리사랑부 가족

강은선 강주영 강지석 강지원 경인자 고형석 공명옥 곽기연 권도훈 권세나 권예나 권예진
권예화 권유진 권익재 권지민 권태호 기은미 김경근 김경진 김나영 김동우 김래겸 김미래
김명숙 김민서 김민수 김보경 김사라 김상명 김상수 김선경 김선아 김성은 김성준 김성훈
김슬기 김승빈 김연수 김예림 김예은 김옥연 김용문 김용하 김윤희 김은정 김은준 김은희
김이안 김정희 김준기 김지영 김진호 김진희 김찬홍 김창영 김창우 김태주 김해솔 김현빈
김현주 나현수 나혜영 노민혜 류 지 민경진 민경한 민향덕 박도현 박명덕 박선아 박수연
박숙영 박승필 박용철 박원호 박은숙 박종석 박지현 박현식 박효실 배호환 백문석 백진호
서승현 서지우 서충만 서혜연 서희선 석기호 성석종 성용기 송미란 송영주 송우진 송은성
송인준 송태교 송호현 신성찬 신유섭 신은석 신은일 신주영 심민아 심현보 안나인 안동균
안성수 안연수 안영민 양용철 양이안 양일식 양지연 양진우 엄현서 여명자 연호석 염영희
염원균 오가원 오나현 우수민 우정무 원종민 유경신 유지윤 유태균 육광채 윤성훈 윤여찬
이 숙 이국현 이남호 이덕희 이도영 이동언 이민영 이선경 이성권 이순복 이승준 이승현
이예린 이유정 이은경 이은장 이은찬 이의수 이익겸 이인혁 이정란 이준엽 이준원 이정란
이중렬 이지연 이지혜 이진이 이진승 이철균 이충노 이하민 이현정 이환희 임민석 임부경
임승우 임의정 임준환 임지민 장규현 장성란 장영철 장원우 장종욱 장진혁 장현태 장형근
전순희 전예준 정두태 정명희 정병진 정순화 정예주 정우영 정유섭 정은선 정진미 제임스
조미애 조석현 조성현 조수아 조영인 조예성 조요환 조윤석 조윤자 조율제 조은형 조현주
주명호 주민우 주아현 주연아 주진아 지영은 채경진 천은아 최명희 최수민 최순미 최예준
최유정 최지건 최태환 최희숙 표선홍 하정아 하지웅 한병균 한성범 한형우 함결이 허승준
현창홍 홍경숙 홍기준 홍명현 홍연실 홍요셉 홍정후 홍준규 황석환 황진호

우리 사랑부에서 버스타고 캠프에 가서
백진호 선생님이랑 사우나에 가서 좋아

다   권도훈이랑 점은선 선생님이랑 함께
     예배드리게 해 주셔서 감사합니다

우리 학생들이 하나님의
거룩한 자녀임이 항상
즐거운 삶을 누릴수
있기를 소망합니다♡

한해동안 함께사랑을
함께해서 행복했구요
감사드립니다 ♡
김양주

말씀따라 살아가는
기쁨이 가득한 우리사랑부
전은선♡

하나님 매일의 삶속에서 함께해주심 감사드립니다.
신주영을 사랑하고 지켜주심에 감사드립니다.
신주영

권도훈 ♡

꼬야
보아. 햇쳐먹았
누가가 감사합니다.
(냐야야야야) 저장저장
수유범   뿌얘옥 함지웅

우리 학생들아 기쁨으로
찬양하며 함께 예배드림에
찬 많이 감사합니다.
원종민

우리사랑부에서 함께한동안
은혜 안에서 예배드리게 해주심에 감사합니다
사랑의 하나님, 내 삶의 청세기부터
요한계시록까지 책임져주심에 감사합니다.
-이익경

하나님,
감사드려요♡

^^ 말씀 따라 살아가자
책을 출간하게 되어서 너무 축하드려요.
제 사진도 여러 장 있어서 더욱 좋아요
이 책은 어느 장소에서도 볼 수 있어서 좋아요
부모님께 선물 gift 하고 싶네요. 건강하세요.
(신은석) SOOK.
날씨가 추워 진대요 감기 건강 잃지 마세요(기원해요)
 ♡ 2019/11/17.

박쏜
유차환
유자환 ♡
&
권유진 ♡

말씀따라 살아가라

-우리'말씀체험'하는 사건이 라정이
 이렇게 책으로 나와 너무 감사한
 뭉클한 마음이네요 (물색은 우리 큰아들이예요)
-우리 1기 멤버들의 모습이 많이 나타나
 더욱 좋은데다 <은혁,승찬, 민혁, 종훈, 찬솔,선율,지혜>
-영원히 건강한 몸과 마음을 갖고
 마나님의 마음도 갖고
 말씀따라 살아가라의 마음도 갖고
 행복한 날 감사한 낮들
 보내는 - 이책을 보며
 소망해 봅니다. (정OO)

하나님...최고!!
감사해요!!

김은희 ♡ 태슈 ♡ 다우리

말씀 체험 좋아하는 어머 함께 해서 행복한 시간이었습니다.

말씀활동 하면서 우리 아이들이 말씀을 쉽게 받아 들을 수 있어 감사했습니다. 모든 체험이 아이들에게 힘이 되기를 …!!

♡ ♡

하나님 감사하고 사랑해요. 더 많이 많이 사랑할게요.

유정맘마 하나님의 말씀과 이해쉽게 말씀잡고 은사황 파이팅 합시다!! ♡♡

즐거운 말씀 체험 시간이 정리되어 나와 책으로 나오게 감사합니다♡ 반갑고 수고해주신 선생님들께도 감사드려요♡

하나님 여기까지 함께 하심을 감사합니다 몸과 마음 든든하게 하셔서

지율자매 강지원 예쁘게 나와서 좋아용♡

말씀체험 책이 나오게 되어 감사하고 사랑합니다

♡ 함께 걸어가도 이 길이 하나님과 함께여서 행복합니다 ♡

이안이는 말씀체험이 좋아요!

영민형제

모든 것이 하나님 은혜입니다. 수고하셨습니다. 감사합니다.

김OO

하나님 사랑해요

수고하셨 감사를 드립니다 주영

항상 은혜로운 말씀과 배려 사랑의 말씀 해주심에 감사드려요 (-지혜-)

함께할 수 있어서 감사해요

♡ 축하해요 ♡ 응

하나님 사랑해요 감사해요

말씀 체험 하면서 아이들이 웃고 떠드는게 보기좋고 행복해졌습니다!! -앙이맘-

우리 사랑부 우리들의 이야기가 책으로 나오게 되서 정말 기뻐요♡ -쏠 빵쏠, 짱쏠 은현-

사랑하는 안연수 조예성 하나님 사랑합니다 -주영-

말씀 따라 살아가는 *우리 사랑부* 감사해요! 고마워요~♥ 승준, 예진

즐거운

지인이랑 함께 걸어간 말씀 체험이 행복으로 나와 반갑고 감사합니다.

하나님 감사해요 -김윤준-

말씀 체험시간, 감사해요 -지민- 사랑해요

말씀 체험하니까
기분좋아요.

책이나오니까 기분좋아요.
윤석

말씀 체험으로 하면서
하나님의 길을 따라가는
여정을 책으로 만나니
새롭고 경건하네요
감사합니다 목사님!
민 항탁

감사합니다
이름남김

사랑해요
늘 감사해요
-김보경-

말씀체험하며 즐거운 시간들을
책으로 다시 볼수 있어서
하나님께 감사 됩니다.. 정옥주

말씀 체험할수있도록 인도하신
여호와하나님감사합니다
엄마아빠
사랑해요~♡
성준이준규목사님
사랑해요
홍준규

말씀체험 그것은 축복
축하드립니다.
목사님께서 겪는
그길 너무 예쁩니다

마라나타!
이준엽은 멋지다.
- ㅋㅋㅋ - -

나는최고다
(새끼가지지입니다.
황규현 샘)

마 라 나 타
감 사 해 요
박 도 현

말씀따라
산아가는 우리되길

감사합니다
하나님
고망승현

감사합니다
김순기

우리 사 랑 감도
저는 행복받고
감사드리고
사랑질하라고
감동합니다.
ㅋㅋㅋ
마르사탄.
감사합니다
선승한은 성호
감사합니다
도록종아요.

은혜의 사랑하시는
하나님아빠
감사합니다
송은설

우리 사랑부 사랑해요
김민수목사님 석기호선생님
사랑해요 감사합니다
　　　이름 안동균

2조 멘토 멘티 모두분들 감사합니다
우리사랑부는 솔밭이라오 주님 앞에서
늘 푸르름을 유지하는 "누리" 입니다.
　　　- 성현모 & 김연수 -

"하나님의 말씀이 이 책과함께
우리 학생들에게 한계 넘어
역사하길 기도합니다"
　　　- 홍선호 -

눈물을 흘리며 씨를뿌리는자는 기쁨으로 거두리로다

우리사랑 청년부 사랑하고 감사합니다.
　　　- 장영희 & 서중민

하나님의 이야기
우리의 이야기가
덮겨있는 책이
나게되어 감사하고 기뻐요!!

하나님을 가르치고 있음
1학년 1반
담임교사 10월호

말씀으로 체험하며
즐겁게 걷는 우리사랑부
감사해요 – 사랑해요
　　　- 배호환 -

Someone
like me !!
"Jim"
bye bye god !!

하나님이 주시는
그 참 사랑이
꽃 피우는 현장으로
가다

나현수

더불어 샬롬.
더불어 행복.

말씀 체험을 통해 하나님을
알아가게 됨으로 감사하고
은혜로운 책으로 되길 기도합니다.

하나님의 말씀속 굴레이 즐겁
체험하고 주님을 믿는 사람입니다.
(Yoo Ju Hyung)

하나님 말씀에 감사하며

사랑
사랑

가정재배와 말씀체험 함께하면서
즐겁게 ●●● 목사님 만남도
더 가까워져 있어 감사합니다.

다조 ① 이 책을 만드시느라 애쓰셨습니다. 이책을만들어주셔서감사
장중욱 Lovely 크!! Bah minhye. 합니다그리고많은걸알려줘
  서그것도고맙습니다

"말씀 따라 걸어가자" 이제 우리는 말씀 따라 걸어 보자구나.
현주야。 주님。 감사합니다
셋이 하나되는 약속 ♡ 나비 주님!
말씀체험 시간에 천국을 알아가는 것 수고하셨습니다. 저도 조금더
(하나님나라) 경건가로 살아가는 하나님 연계되는
같았어요. 살롬과 기쁨이 가득한 맘을 가지게 해주셔서 감사합니다.
함께 걷는 행복 주셔서 감사해요 ~☆ 강 정선.
  장홍

함께걷어가고 함께살아가게 감사해요 게 우리사랑부에
- 조석연 하나님의사랑, 우리사랑부
  기쁨, 화평 홍해하셔서즐거워요
함께 걸어가요~ 늘 감사합니다. 홍경주
아멘 마라나 타
김민서
우리사친부 가득하길 기도해요.
화 이 팅 ! - 민우

말씀 체험하니까 말씀 체험으로 하면서 감사합니다
기분좋아요. 하나님의 길을 따라가는 이름남후
  여정을 책으로 만나
책이다왔으니까 기분좋아요. 새롭고 신선하네요
  감사합니다 목사님! 다 신기하하며 동참한, 시간들로
윤석 민 향덕 책으로 다시 한번 아쉬여,
  하나님께 감사드립니다.. 정혁군 -

책이 나와서 사진도 야. 두연갑이 사랑
볼수 있어서 신기하고 좋아요 -회선 말씀 체험책이 나와서 해요 주민
  정말 반갑고 새롭게 해주니
  정말 좋자 하고
  시간으로 보내 대해
  정말 정말 좋읍니
  너무 너무 감사합니다 (기요미)

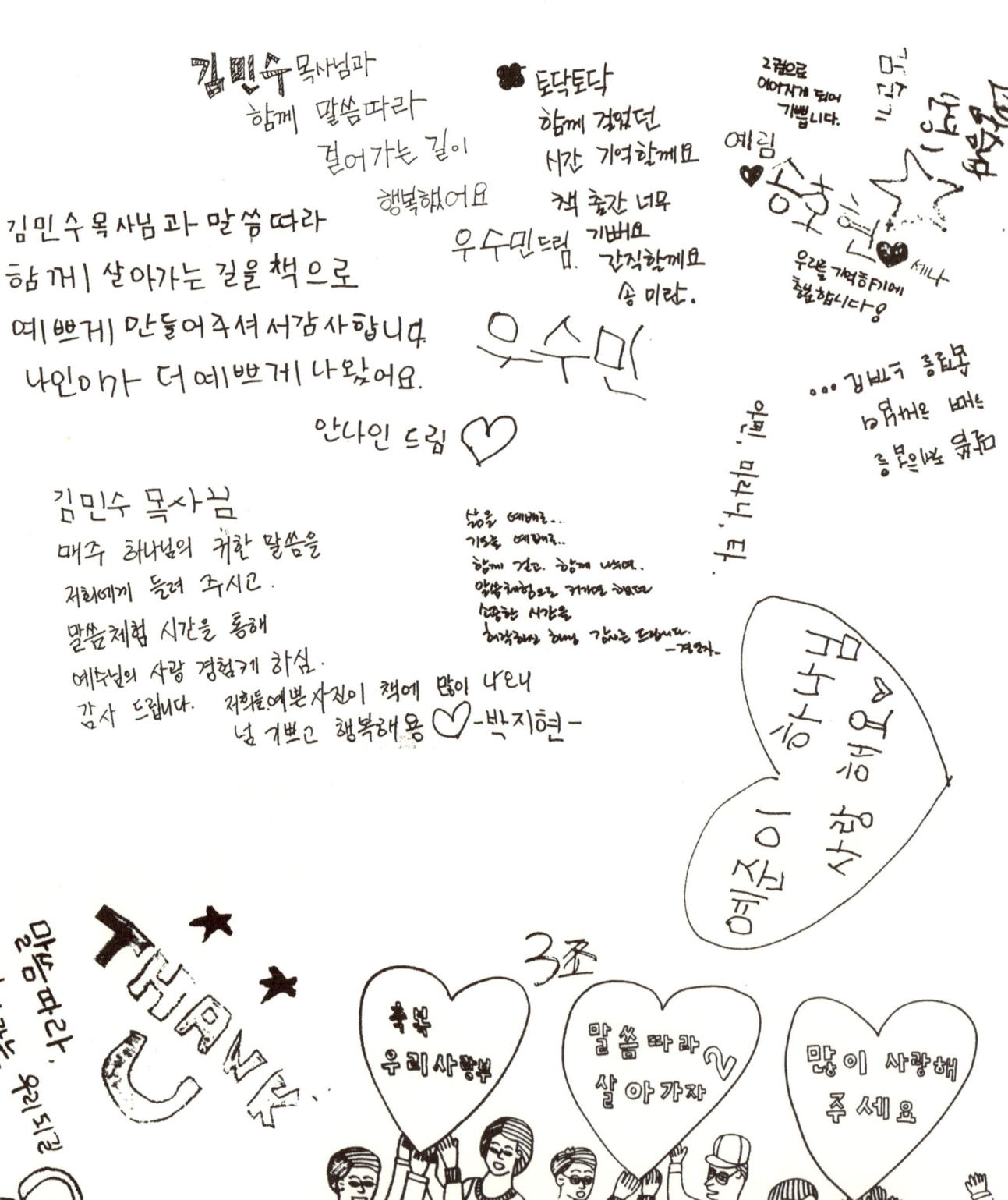

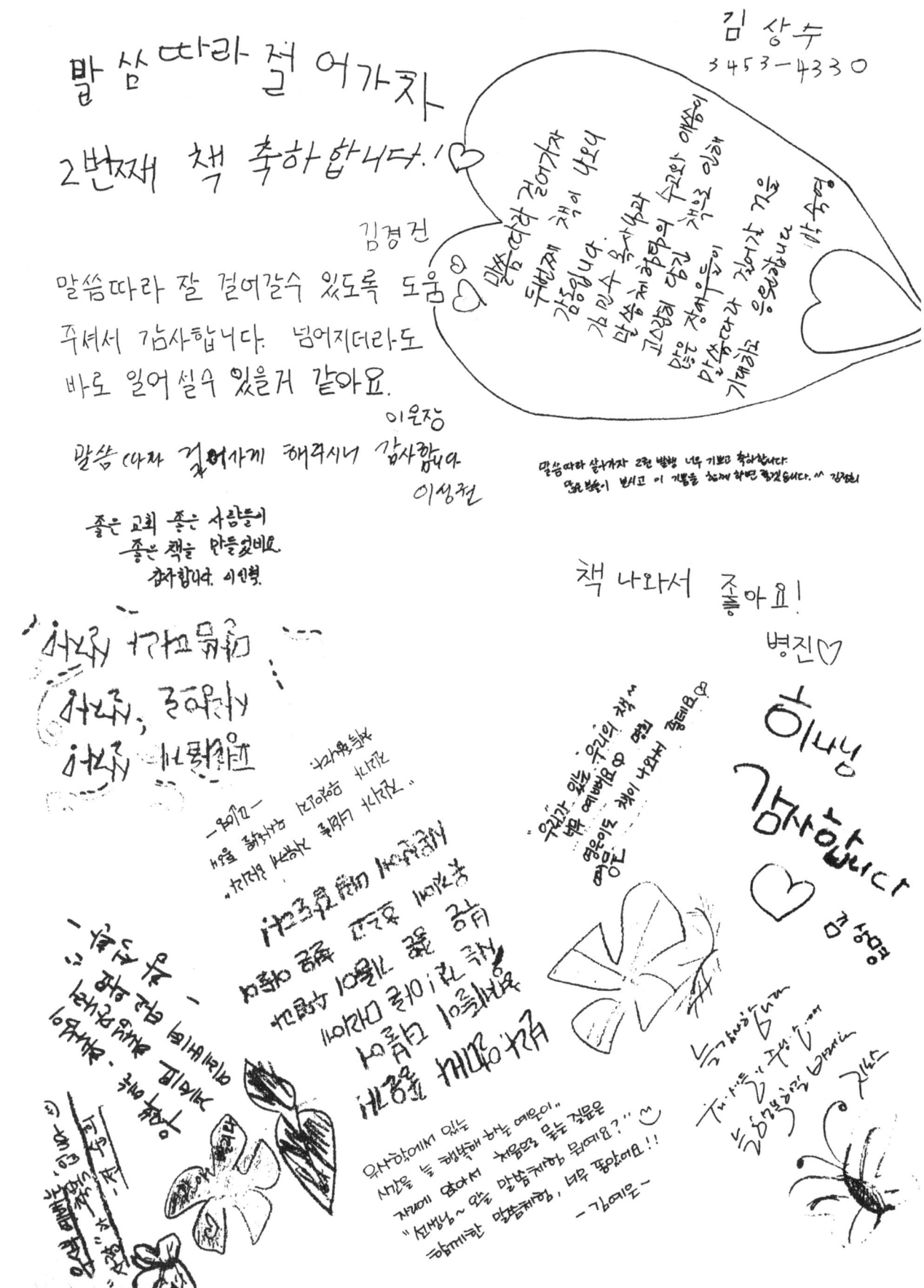

♥ 엄마는 무조건 윤희편 ♥ 없으니까
엄마도 힘들고 언니도 힘들어 보이니까
힘이 나게 해야 해요. 윤희
혼자서 노력할게요. 엄마가 다 해줄수

알쏭달쏭
우리들의 삶이었지
나도 모르게의 아버지가
아버지,

4조 ♥

우사청 형제, 자매님
사랑합니다. "염원균"

하나님 은혜 가운데 축복하는
우사청 형제, 자매 되세요.
사랑합니다. -조슬제-

말씀 따라 걸어온 추억으로
말씀 따라 살아 갈7깨요 주님과 어울리는 우리사랑부에서
                    새밧살음을 누리며
                    말씀따라 살아가고 싶어요
  -한성범-   동 명현

우사청 형제,자매 함께함을 감사합니다
키한 우리 모두 ~~형제~~ 사랑합니다.
          조은형

목사님과 사랑하는 형제자매들이
함께 말씀따라 걸어온 길이
감동이고 은혜입니다.
목사님 그립고 뵙고 싶을 때마다
자주 이 책을 열어보겠네요.
모두 모두 사랑하고 축복합니다.
        이준원. 한성수

우리 사랑부 형제 자매와
말씀 따라 살아 갈 수 있어 준게
너무 감사 합니다. 이 열매가
같은 주님의 자녀들에게 들려 퍼지길
기도 하겠습니다   -이주현-

우리가 말씀 체험한.
내용들이 책으로 나와
너무 좋아요
말씀따라 살아가고 싶어요
   -승현-

우리사랑부 가족

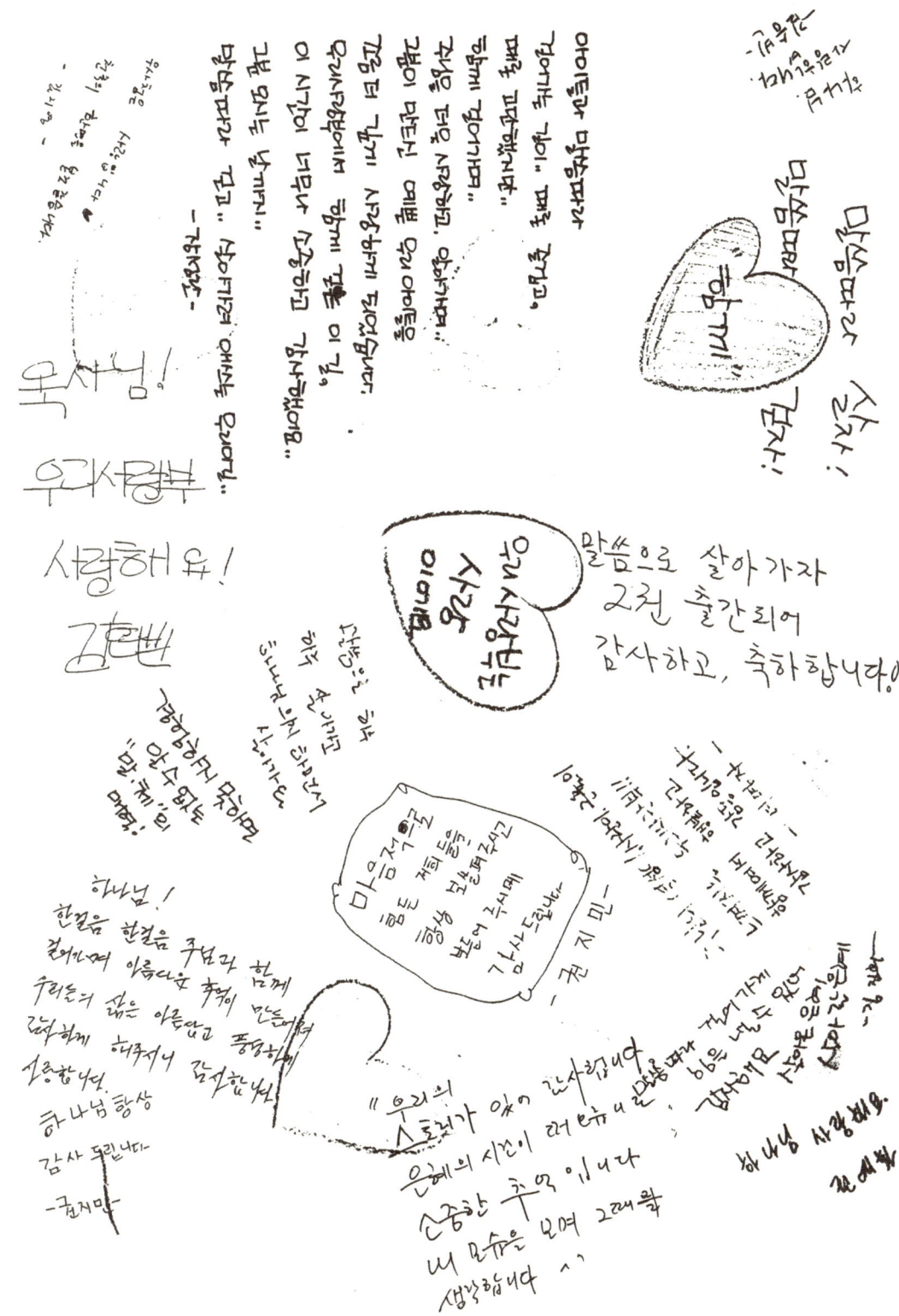

더 생각하기·교정·편집디자인

서명지 "사막에 샘이 넘쳐 흐르리라. 사막에 꽃이 피어 향기 내리라. 주님이 다스리는 그 나라가 되면은 사막이 꽃동산 되리." 변함없는 성실함으로 나아가는 귀한 사역을 축복합니다. 이 책을 통해 주께서 샘을 내고 꽃을 피우는 귀한 열매를 맺길 소원합니다.

최승미 장애를 가진 친구와 함께 예배드리는 시간! 우리 친구가 큰 소리로 찬양하고, 기쁘게 춤추며, 흥미로운 얼굴로 말씀을 대하는 모습을 보면 힘이 납니다. 1권에 이어 2권에서 '더 생각하기'를 쓰며 그 모습이 생각나 기뻤습니다. 간략한 내용이지만, 함께 애쓰는 교사에게 조금이나마 도움이 되면 좋겠습니다. 교회 장애인 부서마다 장애를 가진 친구, 그리고 함께하는 교사가 하나님의 말씀을 신나게 체험하며 걸어가길 응원합니다. "어떻게 하면 더 좋을까"라는 생각이 계속 이어지면 좋겠습니다.

김미선 우리사랑부 예배를 드린 적이 없습니다. 우리사랑부 친구를 만난 적도 없습니다. 그런데도 우리사랑부가 좋습니다. 찬찬히 책을 보다가 만나는 우리사랑부 친구의 행복한 웃음이, 친구와 함께 웃고 있는 교사의 따듯한 웃음이 좋습니다. 덩그러니 혼자서 애쓰는 것이 아니라, 모두가 손잡고 말씀 따라 하나님과 함께 걸어가고, 살아가는 게 느껴져 좋습니다. 이 책 곳곳에 숨어 있는 우리사랑부 가족들의 진심과 땀이 보여서 좋습니다. 이 책을 읽고 또 읽으며 생각하고 고민하고 웃고 있는 저를 발견하는 게 좋습니다. 『말씀 따라 걸어가자』와 『말씀 따라 살아가자』와 함께 하나님이 만들어 가실 새로운 웃음들이 기대되기에 좋습니다.

이지연 올해 초, 말씀체험 이야기 1권을 마무리 할 때 저에게 둘째가 생겼습니다. 2권 작업이 막바지에 이를 때 둘째가 태어났습니다. 조리원에서 후기를 적습니다. 만삭으로 책상에 앉아있는 것이 쉽지 않았지만 우리사랑부 말씀체험팀으로 함께했기에 더욱 의미있는 작업이었습니다. 임신과 출산으로 말씀체험팀에서 장기간 휴면(?)한 상태에서 간접적으로 참여하고 사진을 통해 반가운 얼굴을 만났습니다. 둘째와 함께 한 『말씀 따라 걸어가자』, 그리고 『말씀 따라 살아가자』, 모두 함께 말씀을 따라 걸어가며 살아가기를 소망합니다.

주진아   하나님께서 원하시는 진짜 신나는 교제의 현장이 여기 있습니다. 우리 모두가 이 시간만큼은 하나님 나라의 주인공입니다. 여기에는 그분의 말씀을 온몸으로 체험하며 마음에 새기는 재미있는 개인 또는 단체 활동들이 있습니다. 우리가 경험한 이 놀라운 순간들이 다른 모든 장애인 사역지에, 교회에 전해진다고 생각하니 벌써 가슴이 두근거립니다. 하나님의 말씀 속으로 다 같이 손에 손잡고 걸어 들어가 보아요!

홍연실   여전히 말씀체험을 통해 보고 듣고 느끼고 활동하며 아이들이 즐거웠으면, 그날 말씀의 핵심단어, 문장을 마음에 새기기를 기도하며 준비합니다. 올해 상반기와 많이 변화된 모습은 우리 안에서 더 친밀해지고 연합함이 보인다는 겁니다. 말씀체험을 통해 일대일로 함께하는 교사와 학생이 더 친밀해지는 모습이 보입니다. 그것뿐만 아니라 조 안에서 서로 연약한 지체는 도와주고 서로 응원해주는 모습을 보며 참 감사했습니다. 이것이 하나님께서 말씀하신 형제와의 연합함이 아닐까 싶습니다. 하나님 또한 너무 흡족하게 보고 계실 것 같습니다.

이유정　처음에서부터 아멘까지 이어지는 우리들의 이야기가 담긴 두 번째 책이 나오게 되어 기쁘고 감사합니다. 우리 아이들과 함께 하나님의 말씀을 눈으로 보고, 귀로 듣고, 손으로 더듬어 가고, 때로는 온몸으로 부딪혀가며 매주 한 걸음 한 걸음 나아갔던 모든 순간이 은혜였음을 고백합니다. 끝까지 말씀 따라 걸어가며 살아가기를 소망합니다.

이은경　장애를 가진 아이들과 함께 말씀에 대해 알아가고 하나님과 가까워지는 시간이 참 좋았습니다. 처음에는 막막했던 시간이 매주 만나며 준비하고 같이 예배를 드리다 보니 이제는 설렘을 갖고 기다려지는 시간이 되었습니다. 자신의 언어로, 눈으로, 손으로, 행동으로 하나님을 함께 알아가는 친구들을 보면 행복합니다. 책을 읽는 다른 이들도 순수한 행복을 함께 느끼고 하나님과 더 깊어지는 시간이 되길 소망합니다.

정진미　말씀체험 시간은 결과물보다 준비과정과 그들과 함께하는 순간순간이 더욱 소중합니다. 그들이 긋는 선 하나, 몸짓 하나, 시선 하나에, 주를 향한 기도와 찬송과 기쁨, 때론 주님을 향한 감사의 눈물을 보았기 때문입니다. 말씀체험을 진행하다 보면 순간 우리가 예상치 못한 다양한 표현과 그들의 진중한 모습을 보며, 깜짝 놀라기도 하고, 울컥하며 눈시울이 붉어지기도 합니다. 그리고 읊조리게 됩니다. "주님, 보시옵소서! 이들이 주를 기뻐하며 온몸과 마음으로 주님을 얼마나 기뻐하고 사랑하는지를!" 그들과 더불어 나 또한 주를 더욱 사랑하게 되는 시간을 허락하심을 감사드립니다.

주연아　"생각했던 것보다 더 예쁘다!", "이렇게 즐거울 줄 몰랐다" 이 두 마디가 말씀체험을 한 후의 소감이었습니다. 그림을 전공한 사람이 기획했다 하더라도 실제로 체험하는 이들은 장애인과 이런 활동들이 생경한 어머니, 아버지들이기에 미술 활동을 어려워하기도 합니다. 그렇지만 기대했던 것보다 아름다운 결과물이 곧잘 탄생합니다. 매번 즉흥적인 일들이 일어나 재미있기도 합니다. 장애 부서에서만 누릴 수 있는 특별한 즐거움입니다. 이렇게 우리가 전하는 우리의 결과물과 즐거움과는 또 다른 것들이 분명히 이 책을 활용하는 곳에서도 나오겠지요. 우리가 함께 만든 시간만큼 행복한 시간이 되리라 생각합니다.

우리사랑부 말씀체험팀

김나영 교사와 아이들이 조금은 다른 상황이지만 전혀 다르지 않은 우리만의 소리로 소통할 수 있는 우리사랑부와 함께 할 수 있음이 그저 벅찬 감사의 시간이었습니다. "주께서 생명의 길을 내게 보이시리니 주의 앞에는 충만한 기쁨이 있고 주의 오른쪽에는 영원한 즐거움이 있나이다"라는 시편 16:11 말씀처럼 충만한 기쁨과 영원한 즐거움을 앞으로도 함께 누리고 싶습니다.

김은정 말씀체험 이야기 2권이 발간되어 참 기뻐요. 하나님의 말씀을 그만큼 더 많이 체험했다는 뜻이고요. 음성으로만 듣는 하나님 말씀은 어렵지만, 체험 활동으로 함께하는 말씀 나눔은 하나님을 더욱 쉽고 깊이 있게 만날 수 있어 좋습니다. 2권에서도 우리 하나님은 여전히 사랑의 하나님입니다. 2권을 통해 하나님의 마음을 풍성히 체험해보시길 바랍니다.

김해솔 한마음 한뜻이 모여 결국 2권까지 완성하게 되었어요. 이 활동들을 통해 우리사랑부가 "우리사랑"을 좀 더 직접적으로 경험할 수 있길 바랐고, 실제로도 경험에 경험을 쌓다 보니 그 바람이 조금씩 이루어져 가고 있습니다. 무엇보다도 책 속에 담길 말씀체험 활동들을 진행하면서 함께 할 수 있음에 따뜻했고 기뻤습니다. 저희가 만들어온 '작은 함께'가 '더 큰 함께'를 일구어가길 소망해요.

이선경 장애인 친구들이 하나님을 만나고 말씀을 느낄 수 있도록 많은 선생님이 고민하고 구상하여 말씀체험들을 만들었습니다. 그 체험들이 또다시 차곡차곡 모여 2권이 만들어지게 되니 정말 감사하고 기쁩니다. 다양한 장애 유형을 가진 분들도 하나님을 온몸과 마음으로 예배했으면 좋겠다는 마음들이 모여 만들어진 책인 만큼, 이 책을 통해 더 많은 분이 말씀체험으로 하나님을 알아가길 소망합니다.

에필로그

말씀따라 살아가자

5 조별로 꾸민 별모양 조각을 모은다. 양면테이프를 붙인 사각형 폼보드에 별모양 조각을 붙인다. 폼포드 뒤에 미리 만든 손잡이를 박스테이프로 붙인다. 예수 그리스도를 상징하는 새벽 별이 만들어졌다.
· 필요에 따라 글루건을 사용해서 고정한다.

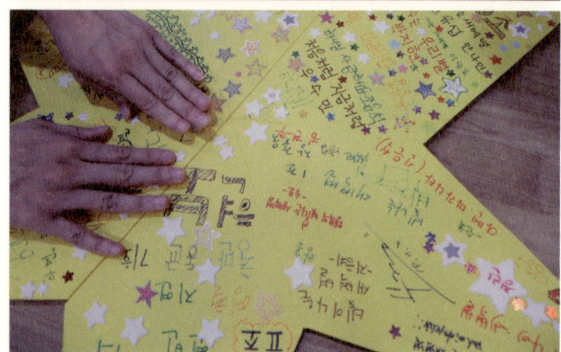

6 새벽 별을 들고 사진을 찍어 소중히 기억한다. 예배실 입구나 잘 보이는 벽에 새벽 별을 붙여놓는다.

어울리는 찬양 ♪♬

고요한 이 밤에
_파이디온선교회

> 진행하기

2. 별모양 폼보드 조각 등을 나누어 준다. "폼보드 조각을 합하면 예수 그리스도를 상징하는 빛나는 새벽 별을 만들 수 있다"고 이야기한다.

3. 별모양 조각 위에 '빛나는 새벽 별, 아멘 마라나타' 등을 적고, 친구와 교사 이름을 빼곡히 적는다. "우리도 새벽 별처럼 밤같이 어두운 세상을 믿음과 소망과 사랑으로 밝히자"고 이야기한다.

4. 여백에 야광 별모양 스티커를 붙이거나 원하는 그림을 그린다. 예배실을 어둡게 하거나 어두운 곳에 갔을 때 별이 빛나야 의미를 전하기 쉽다.

> 더 생각하기

폼보드로 별 모양 조각을 꾸미는 활동 시 모서리에 찔리지 않도록 주의합니다. 우드락 대신 종이접기로 별 모양을 만들 수도 있습니다. 크고 두께 있는 종이로 입체 별 종이접기를 조별 당 한 장씩 접어서 꾸민 후 연결해 붙입니다(검색어 : 입체 별 종이접기). 종이접기 활동 시에는 교사가 미리 종이접기한 후 다시 펼친 종이로 활동하면 친구가 더 쉽게 종이접기를 할 수 있습니다.

말씀체험

빛나는 새벽 별,
아멘 마라나타

창세기 1장 1절에서 시작한 말씀체험이 요한계시록 22장 21절에 닿았습니다. 우리는 하나님의 언약(더불어 샬롬)과 구원(심판과 회복)을 바라며 성경의 길(모세오경과 역사서와 예언서와 지혜서와 복음서와 서신서)을 걸었습니다. 하나님의 약속은 얼마든지 그리스도 안에서 예가 되므로 우리가 아멘하여 하나님에게 영광을 돌리는 길입니다(고후1:20). 밤의 끝과 아침의 시작을 알리는, 빛나는 새벽 별을 따라 걸어왔습니다. 새벽 별이라는 이정표가 없었다면 벌써 길을 잃었을 것입니다. 마지막 말씀체험은 '빛나는 새벽 별 만들기'입니다. 세상이 어떠해도 믿음과 소망과 사랑의 빛을 비추는 곱디고운 별을 만드는 말씀체험입니다.

준비물

노란색 폼보드(2개)
박스테이프
양면테이프
글루건
네임펜
야광 별모양 스티커
자
연필
칼

미리 준비하기

1 노란색 폼보드 2개를 박스테이프로 연결한다(작은 별을 만들 경우 폼보드 1개 사용). 별모양을 몇 조각으로 만들지 정한 후 자와 연필로 별모양을 그린다. 별모양으로 폼보드를 자른 후 조 숫자만큼 조각낸다. 조각낸 폼보드를 다시 별모양으로 연결할 때 사용할 사각형 폼보드와 별에 붙일 손잡이를 준비한다.

성경 본문

요한계시록 22장 12-21절

12. 보라 내가 속히 오리니 내가 줄 상이 내게 있어 각 사람에게 그가 행한 대로 갚아 주리라
13. 나는 알파와 오메가요 처음과 마지막이요 시작과 마침이라
14. 자기 두루마기를 빠는 자들은 복이 있으니 이는 그들이 생명나무에 나아가며 문들을 통하여 성에 들어갈 권세를 받으려 함이로다
15. 개들과 점술가들과 음행하는 자들과 살인자들과 우상 숭배자들과 및 거짓말을 좋아하며 지어내는 자는 다 성 밖에 있으리라
16. 나 예수는 교회들을 위하여 내 사자를 보내어 이것들을 너희에게 증언하게 하였노라 나는 다윗의 뿌리요 자손이니 곧 광명한 새벽 별이라 하시더라
17. 성령과 신부가 말씀하시기를 오라 하시는도다 듣는 자도 오라 할 것이요 목마른 자도 올 것이요 또 원하는 자는 값없이 생명수를 받으라 하시더라
18. 내가 이 두루마리의 예언의 말씀을 듣는 모든 사람에게 증언하노니 만일 누구든지 이것들 외에 더하면 하나님이 이 두루마리에 기록된 재앙들을 그에게 더하실 것이요
19. 만일 누구든지 이 두루마리의 예언의 말씀에서 제하여 버리면 하나님이 이 두루마리에 기록된 생명나무와 및 거룩한 성에 참여함을 제하여 버리시리라
20. 이것들을 증언하신 이가 이르시되 내가 진실로 속히 오리라 하시거늘 아멘 주 예수여 오시옵소서
21. 주 예수의 은혜가 모든 자들에게 있을지어다 아멘

성경을 시작하는 처음 단어는 '처음에(창1:1)'이고 마지막 단어는 '아멘(계22:21)'입니다. 처음에 가졌던 하나님의 언약(더불어 샬롬)은 어떠한 우여곡절이 있어도 구원(심판과 회복)에 닿습니다. 우리는 그날을 학수고대(鶴首苦待)하며 오늘을 함께합니다. 창세기 1장은 물질의 창조만을 이야기하지 않습니다. 바른 질서와 관계와 조화 등을 이야기합니다. 땅은 여전히 공허하고 혼돈하고 어둠이 깊음 위에 있고 하나님의 영은 수면 위에 운행합니다(창1:2). 그분이 이땅의 어둠과 거짓과 불의와 탐욕을 알고 있다는 의미입니다. 하나님은 여전히 어둠에 빛을, 거짓에 진실을, 불의에 정의를, 탐욕에 샬롬을 비춥니다(창1:3). 하나님은 당신의 말씀대로 창조되고 조화롭게 어울리는 피조 세상이 참 좋았습니다(창1:31). 그러나 자유로이 사랑하며 살아가는 존재(하나님의 형상)인 사람이 자유를 남용했습니다. 보암직하고 먹음직하고 지혜롭게 할 만큼 탐스러운 것에 취합니다(창3:6). 언약과 구원을 향한 그분의 고군분투(孤軍奮鬪)는 창세기 1장 1절부터 요한계시록 22장 21절까지 오롯이 이어집니다. 여호와의 구원(심판과 회복)을 위해 기름 부은 자, 예수 그리스도는 자신을 '다윗의 뿌리요 자손이니 곧 광명한 새벽 별'이라고 소개합니다(계22:16). 하늘이 가장 어두운 때는 '밤의 끝과 아침의 시작이 공존하는 새벽'입니다. 이제 세상 나라의 밤이 끝나고 하나님 나라의 아침이 시작됩니다. 머지않을 그 날, 예수 그리스도는 이땅에 다시 와서 하나님의 언약과 구원을 다 이룰 것입니다. 진실로 속히 오겠다고 약속한 새벽 별(예수 그리스도)은 하나님 나라의 아침을 영원히 밝힐 것입니다. 빛나는 새벽 별은 그날만이 아니라 지금 우리가 사는, 다소 어둡고 힘겨운 아프고 슬프고 고달픈 오늘을 밝힙니다. "아멘 주 예수여 오시옵소서 주 예수의 은혜가 모든 자들에게 있을지어다 아멘(계22:20-21)"이라는 믿음과 소망과 사랑을 나누는 이들에게 마음과 뜻과 힘을 다해 하나님을 예배하고, 말씀을 체험합니다.

36

빛나는 새벽 별, 아멘 마라나타

요한계시록
22장 12-21절

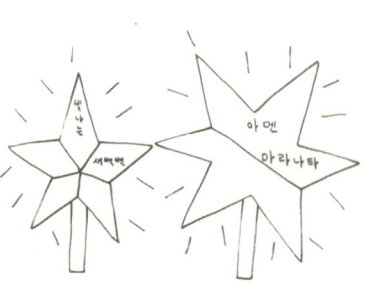

6 과일과 감사 편지를 고마운 이들에게 전한다.
- 주는 이들과 받는 이들 모두 어색하지 않도록 잘 준비한다.
- 갑자기 가면 당황할 수 있기에 미리 이야기한다.

7 감사 편지를 전한 후 고마운 이들과 사진을 찍어 소중히 기억한다.
- 사진은 반드시 고마운 이들에게 전한다.

어울리는 찬양 ♪♬

하나님 주신 선물
_ 파이디온선교회

진행하기

4 종이에 감사의 마음을 빼곡히 적고 스티커 등으로 꾸민다. 교사도 반드시 적는다. 아래에 "참 고맙습니다 _ ○○(부서 이름)부 드림"이라고 적는다.
· 고마운 이들에게 감사 편지를 쓰기 전에 과일과 편지를 전할 이들에 대해 이야기한다(교회 외부 경찰서나 소방서 등, 교회 내부 주차부나 식당부나 미화부 등).

5 수북이 쌓은 과일을 지퍼백에 넣고 편지를 넣는다.
· 과일채 상자에 담아 전하면 서로 나누어 갖기가 불편하다. 지퍼백에 담아 전하면 한 사람이 하나씩 가질 수 있다. 종이 상자에 다시 담으면 쉽게 가져갈 수 있다.
· 편지 수량이 많으면 지퍼백에 넣지 않고 따로 전달한다.

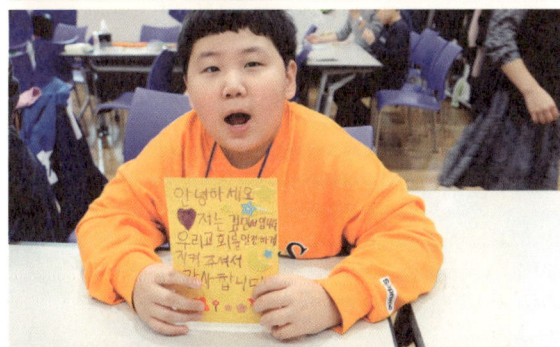

더 생각하기

편지를 받을 고마운 분들의 사진(또는 그림)을 보면서 누구에게 마음을 전할지 이야기할 수 있습니다. 구체적인 감사의 내용을 잘 모르는 친구에게 감사를 전할 분들이 하시는 일을 구체적으로 설명해 주면 활동에 도움이 됩니다. 글씨 쓰기는 어렵지만, 그림을 그리는 친구는 글 대신 그림으로 마음을 표현합니다.

말씀체험

곡식이 다 익어 거둘 때가 되었다

하나님의 구원(심판과 회복)이 다 이루어지는 날을 만나고 싶습니다. 그날 하나님은 기쁨에 겨워 구원의 마지막 나팔을 불 것입니다(고전15:51-52, 계11:15). 그날 우리는 그분의 나팔 소리를 들으며 하늘에 속한 자의 형상으로, 영원히 튼튼한 몸과 마음으로 변화하거나 부활합니다. 농부가 애써 맺은 열매를 정성껏 거두듯 그분은 구원의 날에 언약 백성을 거둘 것입니다(잠25:13, 눅10:2, 막4:29, 계14:15). 오늘이 마치 그날인 것처럼 감사하며 고마운 이들에게 마음을 전하겠습니다(교회 외부 경찰서나 소방서 등, 교회 내부 주차부나 식당부나 미화부 등). 잘 익은 계절 과일과 감사의 편지를 바구니에 담아 전하는 말씀체험입니다.

준비물

(각자 준비한) 계절 과일
대형 지퍼백
A5 두꺼운 종이
스티커
네임펜
테이블
테이블보

미리 준비하기

1. 친구가 계절 과일을 준비하도록 가족에게 안내한다.
   · 풍성하게 전하면 좋기에 교사도 준비한다. 별도로 구입하지 않고 각자 조금씩 가져온다. 혹시 부족할 수 있기에 부서에서도 준비한다.

2. 친구와 교사가 가져온 과일을 예배실 앞 테이블 위에 올려놓는다(오는 순서대로).
   · 친구들이 과일을 떨어뜨려서 상하지 않도록 주의한다.

3. 과일을 수북이 쌓아놓고 하나님의 추수(구원, 심판과 회복)에 감사하며 예배드린다.

성경 본문

요한계시록 14장 12-20절

12. 성도들의 인내가 여기 있나니 그들은 하나님의 계명과 예수에 대한 믿음을 지키는 자니라
13. 또 내가 들으니 하늘에서 음성이 나서 이르되 기록하라 지금 이후로 주 안에서 죽는 자들은 복이 있도다 하시매 성령이 이르시되 그러하다 그들이 수고를 그치고 쉬리니 이는 그들의 행한 일이 따름이라 하시더라
14. 또 내가 보니 흰 구름이 있고 구름 위에 인자와 같은 이가 앉으셨는데 그 머리에는 금 면류관이 있고 그 손에는 예리한 낫을 가졌더라
15. 또 다른 천사가 성전으로부터 나와 구름 위에 앉은 이를 향하여 큰 음성으로 외쳐 이르되 당신의 낫을 휘둘러 거두소서 땅의 곡식이 다 익어 거둘 때가 이르렀음이니이다 하니
16. 구름 위에 앉으신 이가 낫을 땅에 휘두르매 땅의 곡식이 거두어지니라
17. 또 다른 천사가 하늘에 있는 성전에서 나오는데 역시 예리한 낫을 가졌더라
18. 또 불을 다스리는 다른 천사가 제단으로부터 나와 예리한 낫 가진 자를 향하여 큰 음성으로 불러 이르되 네 예리한 낫을 휘둘러 땅의 포도송이를 거두라 그 포도가 익었느니라 하더라
19. 천사가 낫을 땅에 휘둘러 땅의 포도를 거두어 하나님의 진노의 큰 포도주 틀에 던지매
20. 성 밖에서 그 틀이 밟히니 틀에서 피가 나서 말 굴레에까지 닿았고 천육백 스다디온에 퍼졌더라

하나님의 구원(심판과 회복)이 다 이루어지는 날은 추수하는 때와 비슷할 것입니다. 잠언 기자는 "충성된 사자는 그를 보낸 이에게 마치 추수하는 날에 얼음냉수 같아서 능히 그 주인의 마음을 시원하게 하느니라(잠25:13)"라고 했습니다. 여호와의 구원을 위해 기름 부은 받은 자, 예수 그리스도는 "추수할 것은 많되 일꾼이 적으니 그러므로 추수하는 주인에게 청하여 추수할 일꾼들을 보내 주소서(눅10:2)"라고 했습니다. 농부는 열매가 알차게 익을 때까지 기다립니다. 그저 기다리는 것이 아니라 열매와 동고동락(同苦同樂)합니다. 하나님이 구원(심판과 회복)을 거두는 과정도 마찬가지입니다. 아무리 고되도 더불어 누리고 나눌 샬롬을 바라며 포기하지 않습니다. 요한계시록은 하나님의 구원이 다 이루어지는 날을 그립니다. 추수 때가 이르면 농부는 잘 익은 열매에 낫을 댑니다(막4:29). 하늘의 천사가 흰 구름 위에 앉은 인자 같은 이(예수 그리스도)에게 이야기합니다. "당신의 낫을 휘둘러 거두소서 땅의 곡식이 다 익어 거둘 때가 이르렀음이니이다(계14:15)"라고 하자 곡식을 거둡니다. 하나님의 구원이 다 이루어지는 날, 우리는 영원히 튼튼한 몸과 마음으로 다시 만납니다. 이날에야 비로소 하나님 나라의 샬롬을 온전히, 완전히 누릴 수 있습니다. 그때까지 우리는 우직하게 걸어야 합니다. 하나님의 계명과 예수에 대한 믿음을 지키며 지금 여기에서 인내하며(계14:12), 오늘이 그날이길 바라며 마음과 뜻과 힘을 다해 하나님을 예배하고, 말씀을 체험합니다.

35

곡식이 다 익어 거둘 때가 되었다

요한계시록
14장 12-20절

5 학예회나 다른 발표회가 아니라 찬양예배라는 점을 기억한다. 여호와 하나님의 구원(심판과 회복)을 마음 다해 노래한다. 다른 조가 발표할 때 회중이 함께 찬양하도록 무대 화면에 가사를 띄운다.
- 신나는 곡은 함께 박수하며 노래한다.
- 발표를 마치면 마음과 뜻과 힘을 다해 응원하고 칭찬한다.

6 사진을 찍어 소중히 기억한다. 영상을 촬영하면 더 좋은 기억이 된다.
- 찬양하는 모습이 담긴 사진과 영상을 가족에게 공유한다.
- 다음 주일예배 때 우리가 어떻게 찬양했는지 돌아본다.

어울리는 찬양 ♪♬ 비전(우리 보좌 앞에 모였네) _복음성가

> 진행하기

3 찬양예배 형식으로 주일예배를 드린다. 예배를 시작하기 전에 조별로 연습하게 한다. 발표하는 순서를 정한다.

4 찬양인도자가 기도하며 예배를 시작한다. 찬양인도자의 소개에 따라 한 조씩 앞으로 나와 준비한 찬양을 발표한다. 흥미를 갖도록 다양한 악기와 소품을 사용한다.

> 더 생각하기 : 마이크(장난감 마이크 등)를 사용하면 더 적극적으로 찬양할 수 있습니다. 마이크를 손으로 잡기 어려우면 스탠드를 이용합니다. 16과에서 만들었던 종려나무 가지를 흔들며 찬양해도 좋습니다. 시끄러운 악기나 음악 소리에 예민한 친구는 소리에서 조금 떨어진 곳에서 활동을 이어나가거나 귀마개를 줄 수 있습니다.

말씀
체험

구원하심이
우리 하나님과 어린 양에게

계시록은 사도 요한이 밧모섬에서 보고 들은 이야기입니다. 여호와 하나님은 다양한 미디어(소리, 영상 등)를 사용해서 그분의 구원(심판과 회복)을 약속합니다. 어둠이 빛을, 거짓이 참을, 불의가 정의를, 탐욕이 샬롬을, 죽음이 생명을 결코 이기지 못함을 이야기합니다. 아무도 능히 셀 수 없는 큰 무리가 흰 옷을 입고 손에 종려 가지를 들고 보좌 앞과 어린 양 앞에 서서 큰 소리로 '보좌에 앉으신 우리 하나님과 어린 양의 구원'을 노래합니다.

준비물

여호와 하나님의 구원을 노래하는 찬양 악보
(주일예배 때 자주 불렀던 곡)
다양한 악기와 소품

미리 준비하기

1 두 주간에 걸쳐 진행한다. 한주는 찬양을 연습하고 한주는 찬양을 발표한다. 찬양팀에서 주일예배 때 자주 불렀던 찬양 악보를 준비한다. 조별로 어떤 찬양을 할지 선택한다. 조 인원만큼 찬양 악보를 인쇄한다.

2 조별로 정한 찬양을 친구들과 같이 부르며 연습한다. 율동을 할 수 있는 곡은 율동도 준비한다. 가사를 따라 부르기 힘든 친구는 다양한 악기와 소품을 사용한다.
· 교사가 적극적으로 참여해야 한다.

성경 본문

요한계시록 7장 9-17절

9. 이 일 후에 내가 보니 각 나라와 족속과 백성과 방언에서 아무도 능히 셀 수 없는 큰 무리가 나와 흰 옷을 입고 손에 종려 가지를 들고 보좌 앞과 어린 양 앞에 서서
10. 큰 소리로 외쳐 이르되 구원하심이 보좌에 앉으신 우리 하나님과 어린 양에게 있도다 하니
11. 모든 천사가 보좌와 장로들과 네 생물의 주위에 서 있다가 보좌 앞에 엎드려 얼굴을 대고 하나님께 경배하여
12. 이르되 아멘 찬송과 영광과 지혜와 감사와 존귀와 권능과 힘이 우리 하나님께 세세토록 있을지어다 아멘 하더라
13. 장로 중 하나가 응답하여 나에게 이르되 이 흰 옷 입은 자들이 누구며 또 어디서 왔느냐
14. 내가 말하기를 내 주여 당신이 아시나이다 하니 그가 나에게 이르되 이는 큰 환난에서 나오는 자들인데 어린 양의 피에 그 옷을 씻어 희게 하였느니라
15. 그러므로 그들이 하나님의 보좌 앞에 있고 또 그의 성전에서 밤낮 하나님을 섬기매 보좌에 앉으신 이가 그들 위에 장막을 치시리니
16. 그들이 다시는 주리지도 아니하며 목마르지도 아니하고 해나 아무 뜨거운 기운에 상하지도 아니하리니
17. 이는 보좌 가운데에 계신 어린 양이 그들의 목자가 되사 생명수 샘으로 인도하시고 하나님께서 그들의 눈에서 모든 눈물을 씻어 주실 것임이라

요한계시록은 여호와 하나님이 자신의 언약 백성에게 전하는 마지막 이야기입니다. 부제를 붙이자면 '마지막 날들을 살아내는 소망'입니다. 세상의 종말이 오는, 어느 특정한 때와 장소를 의미하지 않습니다. '지금, 여기, 우리, 일상'에 닿은 계시와 예배와 저항과 선교의 이야기입니다. 로마제국주의에 맞선 1세기 그리스도인에게, 물질만능주의에 맞선 21세기 그리스도인에게 요한계시록은 빛과 정의와 진실과 샬롬이 침몰하지 않음을 전합니다. 사도 요한은 로마제국의 정치범 수용소인 밧모섬에서 채석장 노예로 지냈습니다. 당시 로마 황제는 신의 자리에서 구원의 은혜를 베푸는 존재였습니다. 정치, 경제, 문화, 종교, 언론 등 일상 전반을 통제했습니다. 그리스도인이 '여호와의 구원(심판과 회복)을 이루고자 다시 오실 그리스도'를 믿고 따르기가 무척 힘겨웠습니다. 요한계시록은 그들과 우리에게 "누구를 예배하며 살아갈 것인가"를 묻습니다. 큰 환난에서 나오는 자들이 부르는 노래, "구원하심이 보좌에 앉으신 우리 하나님과 어린 양에게 있도다(계7:10)"를 들려줍니다. "다시는 주리지도, 목마르지도, 상하지도 않으며 하나님이 생명샘에서 모든 눈물을 씻어준다(계7:16-17)"는 약속 안에서 마음과 뜻과 힘을 다해 하나님을 예배하고, 말씀을 체험합니다.

34

구원하심이 우리 하나님과 어린 양에게

요한계시록

7장 9-17절

6 돌 꾸미기를 완성하고 자석게시판에 나온다. 돌을 연결해서 붙여 '부서 이름'을 만든다(소망, 사랑, 밀알, 우리사랑 등). 돌을 붙이며 "믿음으로 세상을 이기자", "이기는 자에게 새 이름을 적은 보배로운 산 돌" 등을 이야기한다.

· 친구가 직접 붙이게 하고 담당교사나 말씀체험팀 교사가 돌 위치를 조정한다.

7 돌을 다 붙인 후 조별로, 일대일로 사진을 찍어 소중히 기억한다.

어울리는 찬양 ♪ 예수 그 이름 나는 말할 수 없네
_복음성가

> 진행하기

2 자석을 붙인 돌을 나누어 준다.
- 기념이 될만한 말씀체험은 교사도 함께하면 좋다.

3 돌에 '예수와 ○○(친구 이름)'라고 적는다. 공간이 있다면 '새 이름, 이기는 자, 보배로운 산 돌' 등을 적는다.
- '예수와 ○○(친구 이름)'라고만 적어도 된다.

4 믿음으로 세상을 이기는 자는 '새 이름을 적은 보배로운 산 돌'을 선물 받는다고 이야기한다.

5 돌 여백에 별과 하트를 그린다. 별은 '빛나는 새벽별 예수 그리스도(계22:16)'를, 하트는 '예수 그리스도와 우리의 사랑'을 의미한다. 별과 하트를 그리기 어려운 친구는 점을 찍거나 동그라미를 그린다.
- 친구의 돌을 꾸민 후 교사의 돌을 꾸민다.

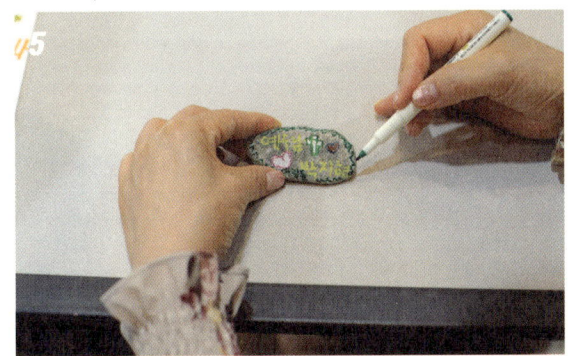

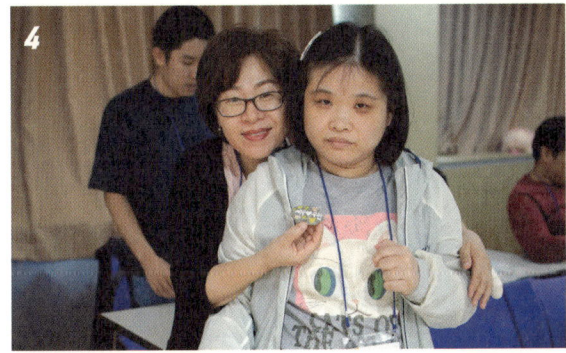

🔍 **더 생각하기** { 평평한 돌을 구하기 어려우면 돌 무늬 우드락을 잘라서 사용할 수 있습니다. 게시판에 돌을 붙여 글씨를 만들 때 돌을 붙일 위치를 미리 글씨로 표시해 두면, 한 명씩 나와서 돌을 붙일 때 친구가 더 쉽게 활동에 참여할 수 있습니다. 돌을 이용한 활동을 할 때는 돌을 입에 넣거나 다른 친구에게 던지는 등 위험한 행동을 하지 않도록 안전에 유의하며 활동합니다.

말씀 체험

이기는 자, 새 이름, 보배로운 산 돌

하나님의 말씀은 하늘 위에나 바다 끝이나 땅 밑에 있지 않습니다. 늘 우리 일상에 닿아있습니다. 그래서 성경은 일상의 언어로 표현하고자 애씁니다. 사도 베드로는 '사람이 버렸으나 하나님이 택한 보배로운 산 돌(벧전2:4)'을, 사도 요한은 '이기는 자가 받는 새 이름을 기록한 흰 돌(계2:17)'을 이야기합니다. 두 돌 모두 여호와의 구원을 위해 기름 부음 받은 왕, 예수 그리스도를 의미합니다. 우리가 흔히 보고 지나쳤던 돌에 새로운 가치를 더하려고 합니다. 우리처럼 다양한 모양의 돌에 예수 그 이름과 우리 이름을 적고 별과 하트 모양을 그리는 말씀체험입니다.

준비물

평평한 돌
(다양한 모양, 지름 5cm 이하)
네오디움 원형자석
글루건
다양한 펜
(젤리펜, 네임펜, 수정펜, 마카펜, 붓펜 등)
자석게시판

미리 준비하기

1 다양한 모양의 평평한 돌을 구한다. 먼지를 닦은 뒤 돌 뒤편에 글루건을 사용해서 원형자석을 붙인다.
· 돌 크기에 따라 자석 1-2개를 붙이고, 글루건이 손에 묻지 않도록 주의한다.

2 자석게시판 위에 '이기는 자, 새 이름, 보배로운 산 돌'을 적어 붙인다.
· 자석게시판이 없다면 자석이 붙을 수 있는 공간을 활용한다.

성경 본문

요한계시록 2장 12-17절

12. 버가모 교회의 사자에게 편지하라 좌우에 날선 검을 가지신 이가 이르시되
13. 네가 어디에 사는지를 내가 아노니 거기는 사탄의 권좌가 있는 데라 네가 내 이름을 굳게 잡아서 내 충성된 증인 안디바가 너희 가운데 곧 사탄이 사는 곳에서 죽임을 당할 때에도 나를 믿는 믿음을 저버리지 아니하였도다
14. 그러나 네게 두어 가지 책망할 것이 있나니 거기 네게 발람의 교훈을 지키는 자들이 있도다 발람이 발락을 가르쳐 이스라엘 자손 앞에 걸림돌을 놓아 우상의 제물을 먹게 하였고 또 행음하게 하였느니라
15. 이와 같이 네게도 니골라 당의 교훈을 지키는 자들이 있도다
16. 그러므로 회개하라 그리하지 아니하면 내가 네게 속히 가서 내 입의 검으로 그들과 싸우리라
17. 귀 있는 자는 성령이 교회들에게 하시는 말씀을 들을지어다 이기는 그에게는 내가 감추었던 만나를 주고 또 흰 돌을 줄 터인데 그 돌 위에 새 이름을 기록한 것이 있나니 받는 자 밖에는 그 이름을 알 사람이 없느니라

베드로전서 2장 4-5절

4. 사람에게는 버린 바가 되었으나 하나님께는 택하심을 입은 보배로운 산 돌이신 예수께 나아가
5. 너희도 산 돌 같이 신령한 집으로 세워지고 예수 그리스도로 말미암아 하나님이 기쁘게 받으실 신령한 제사를 드릴 거룩한 제사장이 될지니라

하나님은 세상이 버린 돌로 집을 짓습니다. 가장 하찮게 여기는 돌을 모퉁잇돌로 삼습니다. 사도 베드로는 하나님이 택한 보배로운 산 돌을 소개합니다. 바로 예수 그리스도입니다(벧전2:4-5). 우리도 마찬가지입니다. 하나님이 기쁘게 거할 소중한 집을 지으라고, 신령한 제사를 드릴 거룩한 제사장이 되라고 합니다. 교회를 향한 간곡한 요청입니다. 하나님은 사도 요한을 통해 버가모 교회를 칭찬(순교하더라도 믿음 지킴)하고 책망(세상 욕심 따름)하고 경고(회개하지 않으면 말씀의 검으로 싸움)합니다. 그리고 약속(이기는 자에게 감추었던 만나와 새 이름을 적은 흰 돌 선물)합니다. 베드로와 요한이 같은 돌을 이야기합니다. 세상이 버렸으나 하나님에게는 보배로운 산 돌, 예수 그리스도입니다. 그 돌 위에 이기는 자만 알 수 있는 이름, 바로 예수와 우리 이름입니다. 보배로운 산 돌 위에 적힌 예수 그 이름과 우리 이름에 감사하며 마음과 뜻과 힘을 다해 하나님을 예배하고 말씀을 체험합니다.

33

이기는 자, 새 이름, 보배로운 산 돌

요한계시록
2장 12-17절

베드로전서
2장 4-5절

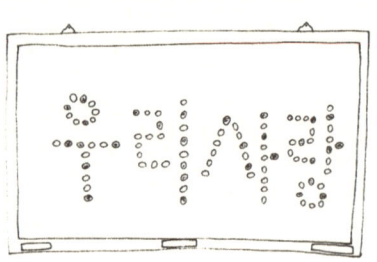

4 친구 주위에 둘러서서 입으로 '성령의 바람(믿음, 소망, 사랑 등)'을 불어 포스트잇을 떨어뜨린다. "○○의 욕심아! 떨어져라!"라고 이야기한다. 친구를 불에서 끌어내어 구원하겠다는, 성령의 바람을 불어 욕심의 불을 끄겠다는 절박한 심정으로 진행한다.

5 친구끼리 돌아가며 진행한다. 욕심의 불을 함께 꺼준 친구와 교사와 사진을 찍어 소중히 기억한다.

어울리는 찬양 ♪♬ 　꼭 필요한 사람
_파이디온선교회

진행하기

2 불모양, 불조심 이미지(원형 라벨지)와 포스트잇을 나누어 준다. 원형 라벨지를 포스트잇에 붙인다. 포스트잇에 '내가 버리고 싶은 지긋지긋한 죄와 욕심'을 적는다(예를 자세하게 들어야 함). 우리의 죄와 욕심이 우리의 삶과 신앙을 태울 수 있다고 이야기한다.
- 한 사람이 여러 개의 포스트잇을 사용해도 된다.

3 조별로 포스트잇을 붙일 친구 한 명을 정한다. 친구의 몸과 얼굴에 죄와 욕심을 적은 포스트잇을 덕지덕지 붙인다.

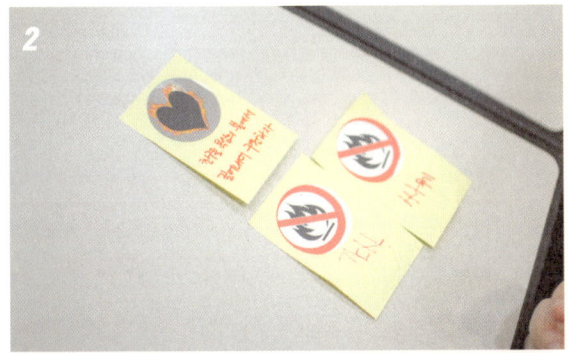

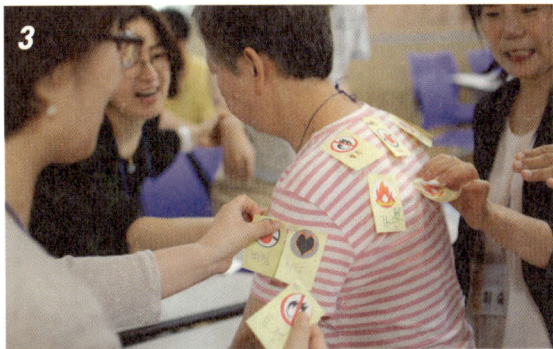
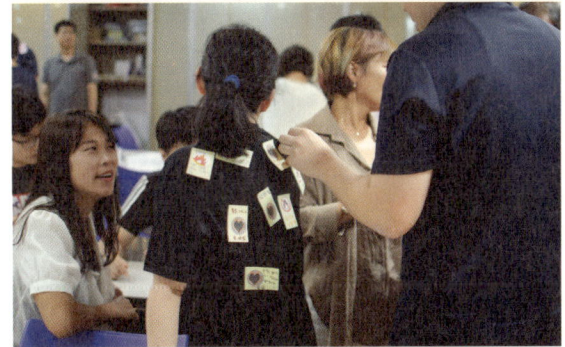

더 생각하기 글씨 쓰기가 어려운 친구를 위해 죄와 욕심의 내용을 구체적인 단어나 이미지로 작은 라벨지에 출력해 준비합니다. 친구가 직접 이미지를 보고, 스스로 선택해 붙일 수 있도록 합니다.

말씀 체험

욕심의 불에서
끌어내어 구원하자

우리 구주, 홀로 하나이신 하나님이 우리를 보호합니다. 그분의 영광 앞에 흠이 없이 기쁨으로 서게 합니다. 우리는 어떠한 마음으로 구원의 은혜를 나누어야 할까요. 좋은 관계를 위해 좋은 말만을 전해야 할까요. 아닙니다. 때로는 불같은 욕심을 버리도록 혼쭐을 내야 합니다. 유다의 표현처럼 어떤 자를 불에서 끌어내어 구원해야 합니다. 불모양으로 꾸민 포스트잇에 불 같이 타오르기 쉬운 죄와 욕심을 적습니다. 이를 몸에 붙인 후 성령(믿음, 소망, 사랑 등)의 바람을 불어 떨어뜨리는 말씀체험입니다.

준비물

포스트잇
불모양 원형 라벨지
네임펜

미리 준비하기

1 다양한 불모양, 불조심 이미지를 원형 라벨지로 인쇄한다.
- 말씀체험 시 큰 포스트잇에 붙이려고 한다. 너무 쉽게 떨어지면 안 되기에 포스트잇 접착면은 3mm 이상으로 준비한다.

유다서 1장 17-25절

17. 사랑하는 자들아 너희는 우리 주 예수 그리스도의 사도들이 미리 한 말을 기억하라
18. 그들이 너희에게 말하기를 마지막 때에 자기의 경건하지 않은 정욕대로 행하며 조롱하는 자들이 있으리라 하였나니
19. 이 사람들은 분열을 일으키는 자며 육에 속한 자며 성령이 없는 자니라
20. 사랑하는 자들아 너희는 너희의 지극히 거룩한 믿음 위에 자신을 세우며 성령으로 기도하며
21. 하나님의 사랑 안에서 자신을 지키며 영생에 이르도록 우리 주 예수 그리스도의 긍휼을 기다리라
22. 어떤 의심하는 자들을 긍휼히 여기라
23. 또 어떤 자를 불에서 끌어내어 구원하라 또 어떤 자를 그 육체로 더럽힌 옷까지도 미워하되 두려움으로 긍휼히 여기라
24. 능히 너희를 보호하사 거침이 없게 하시고 너희로 그 영광 앞에 흠이 없이 기쁨으로 서게 하실 이
25. 곧 우리 구주 홀로 하나이신 하나님께 우리 주 예수 그리스도로 말미암아 영광과 위엄과 권력과 권세가 영원 전부터 이제와 영원토록 있을지어다 아멘

야고보는 "욕심이 잉태한즉 죄를 낳고 죄가 장성한즉 사망을 낳느니라(약1:15)"라고 했습니다. 사도 바울은 "그러므로 땅에 있는 지체를 죽이라 곧 음란과 부정과 사욕과 악한 정욕과 탐심이니 탐심은 우상 숭배니라(골3:5)"고 했습니다. 예레미야는 "만물보다 거짓되고 심히 부패한 것은 마음이라 누가 능히 이를 알리요마는(렘17:9)"이라고 했습니다. 마음이 부패하면 욕심과 탐심으로 이어집니다. "자나 깨나 불조심"이라는 말은 불이 그만큼 위험하다는 의미입니다. 불이 겉보기에 작다고 내버려 두면 걷잡을 수 없이 커집니다. 모든 것을 태워버립니다. 욕심도 마찬가지입니다. 불과 같습니다. 유다는 하나님의 사랑 안에서 자신을 지키며 영생에 이르도록 그리스도의 긍휼을 기다리라고 합니다(유1:21). 나를 향한 그분의 긍휼은 나를 통해 다른 이들에게 전해져야 합니다. 유다는 욕심으로 불타는 자들을 끌어내어 구원하되 두려움으로 긍휼히 여기라고 합니다(유1:23). 하나님의 영광 앞에서 흠이 없이 기쁨으로 설 날을 기대하며 마음과 뜻과 힘을 다해 하나님을 예배하고, 말씀을 체험합니다.

32

욕심의 불에서 끌어내어 구원하자

유다서
1장 17-25절

4 모두 적은 후 편지지 여백에 꽃모양 스티커나 압화를 붙여 꽃 편지지를 만든다. 압화는 풀로 조심스럽게 붙인다.
   · 생화를 압축해서 말렸기에 다양한 감각을 느낄 수 있다.

5 압화가 떨어지지 않도록 편지지를 코팅한다.
   · 손코팅지를 사용하거나 일반적인 방식으로 코팅한다.

6 친구에게 편지를 전달한다. 다른 친구가 적어준 칭찬과 응원의 이야기를 같이 읽는다. 친구에게 고맙다고 인사한다.

7 정겨운 꽃 편지를 들고 사진을 찍어 소중히 기억한다.
   · 집에 가져가서 잘 보이는 곳에 붙이도록 안내한다.

| 어울리는 찬양 ♪ | 기대 _복음성가 |

3 편지지를 돌려가며 칭찬하는 이야기를 적는다. 학생과 교사가 '그 친구'에 대해 이야기하며 적는다.
· 글을 쓰기 힘든 친구는 그림을 그리거나 스티커를 붙이게 한다.

더 생각하기

글씨 쓰기가 어려운 친구를 위해 다양한 칭찬과 격려의 말을 라벨지에 출력해 준비합니다. 친구에게 해주고 싶은 문구를 직접 선택하게 한 후, 라벨지를 예쁘게 꾸며 종이에 붙이도록 합니다. 압화를 붙일 때는 딱풀보다는 목공용 풀을 사용하는 것이 좋습니다. 또는 투명 매니큐어를 사용해도 괜찮습니다. 압화를 집을 때는 손으로 너무 세게 잡지 않도록 지도하며, 섬세한 작업은 핀셋을 사용하면 압화가 부서지거나 손상되는 것을 막을 수 있습니다.

말씀 체험

서로 돌아보아 사랑과 선행을 격려하자

관계는 알면 알수록 깊어집니다. 그만큼 구체적으로 함께할 수 있습니다. 히브리서 기자는 이미 알고 있던 이들에게 안타까운 심정으로 편지를 보냅니다. 나사렛 예수가 아닌 다른 그리스도를 기다리겠다고 떠나는 이들을 붙잡으려고 합니다. 그는 서로 돌아보아 사랑과 선행을 격려하자고 했습니다(히10:24). 우리도 함께하는 친구들을 마음과 뜻과 힘을 다해 격려하면 좋겠습니다. 얼굴사진을 붙인 종이에 그 친구의 사랑과 선행을 격려하는 이야기를 돌아가며 적습니다. 아름다운 꽃과 스티커로 꾸민 후 선물하는 말씀체험입니다.

준비물

두꺼운 종이(B4, 257x364mm)
코팅지 또는 손코팅지
코팅기계
노끈
네임펜
사인펜
꽃모양 스티커
압화
풀
얼굴 라벨지

미리 준비하기

1 두꺼운 종이(B4)에 얼굴 라벨지를 붙인다. 얼굴사진 아래에 글을 적어야 하니 공간이 있어야 한다.

진행하기

2 얼굴사진을 붙인 종이를 나누어 준다. 얼굴사진 아래에 "OO(친구 이름)야! 너를 칭찬한다", "OO(친구 이름)야! 너를 응원한다", "처음처럼 지금처럼 우리사랑. OO(친구 이름)" 등을 적는다.
· 종이는 친구에게 보내는 편지지를 뜻한다.

성경 본문

히브리서 10장 22-29절

22. 우리가 마음에 뿌림을 받아 악한 양심으로부터 벗어나고 몸은 맑은 물로 씻음을 받았으니 참 마음과 온전한 믿음으로 하나님께 나아가자
23. 또 약속하신 이는 미쁘시니 우리가 믿는 도리의 소망을 움직이지 말며 굳게 잡고
24. 서로 돌아보아 사랑과 선행을 격려하며
25. 모이기를 폐하는 어떤 사람들의 습관과 같이 하지 말고 오직 권하여 그 날이 가까움을 볼수록 더욱 그리하자
26. 우리가 진리를 아는 지식을 받은 후 짐짓 죄를 범한즉 다시 속죄하는 제사가 없고
27. 오직 무서운 마음으로 심판을 기다리는 것과 대적하는 자를 태울 맹렬한 불만 있으리라
28. 모세의 법을 폐한 자도 두세 증인으로 말미암아 불쌍히 여김을 받지 못하고 죽었거든
29. 하물며 하나님의 아들을 짓밟고 자기를 거룩하게 한 언약의 피를 부정한 것으로 여기고 은혜의 성령을 욕되게 하는 자가 당연히 받을 형벌은 얼마나 더 무겁겠느냐 너희는 생각하라

유대인은 여호와의 구원을 위해 기름 부음 받은 왕을 기다렸습니다. 감옥에 갇혀 있던 세례 요한도 제자들을 예수에게 보내어 "오실 그이가 당신이오니이까 우리가 다른 이를 기다리오리이까(마11:3)"라고 물었습니다. 나사렛 예수(여호와의 구원)를 그리스도(여호와의 구원을 위해 기름 부음 받은 왕)로 고백하는 이들은 로마제국의 박해를 견뎌야 했습니다. 황제를 숭배하라는 위협이 점점 더 심해졌습니다. 다시 오겠다고 한 예수를 그리스도로 믿으며 기다리기가 어려워졌습니다. 그래서 많은 유대 그리스도인이 다른 그리스도를 기다리고자 떠났습니다. 히브리서 기자는 그들에게 "예수를 그리스도로 다시 바라보고 구원의 하나님에게 다시 나아가자"라고 이야기합니다. 그래서 그는 서로 돌아보아 사랑과 선행을 격려하고 모이기를 폐하는 어떤 사람들의 습관처럼 하지 말자고 합니다. 그 날(예수 그리스도의 재림)이 가까움을 볼수록 서로 권하여 힘껏 모이자고 합니다(히10:24-25). 온전한 믿음으로 마음과 뜻과 힘을 다해 하나님을 예배하고, 말씀을 체험합니다.

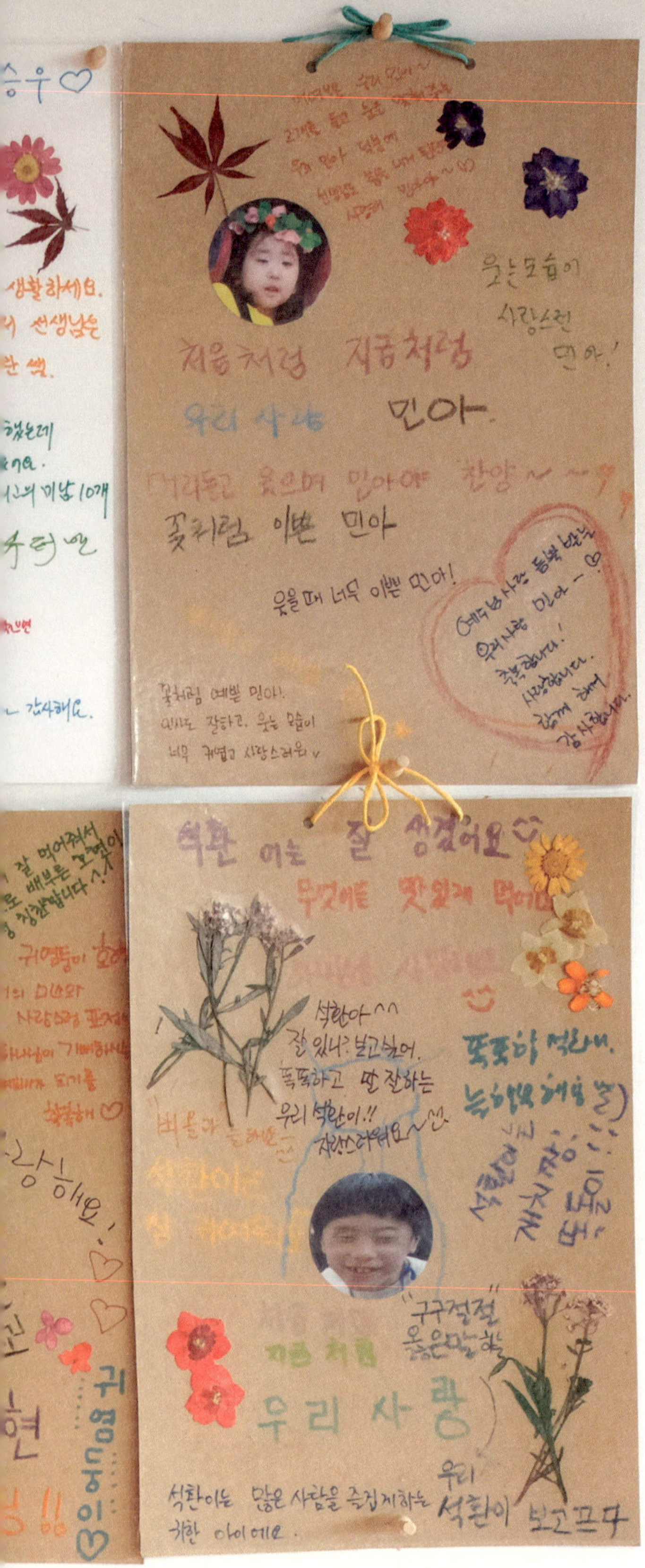

31

서로 돌아보아 사랑과 선행을 격려하자

히브리서
10장 22-29절

5 모두 찾았다면 내가 찾은 친구에게 간다. 친구와 담당 교사에게 컵 안에 있는 초콜릿을 먹여주며, "마음으로 뜨겁게 사랑하자"라고 이야기한다.

· 친구의 컵을 전해주며 동성 간에는 뜨겁게 안아주고, 이성 간에는 따뜻하게 악수한다.

6 자신의 컵을 가지고 조별로 앉는다. 조별로 과일주스를 나누어 준다. 서로 건배하며 "마음으로 뜨겁게 사랑하자"라고 이야기하고 마신다. 자신의 컵을 들고 사진을 찍어 소중히 기억한다.

· 얼굴사진이 붙은 컵은 집에 가져가게 한다.

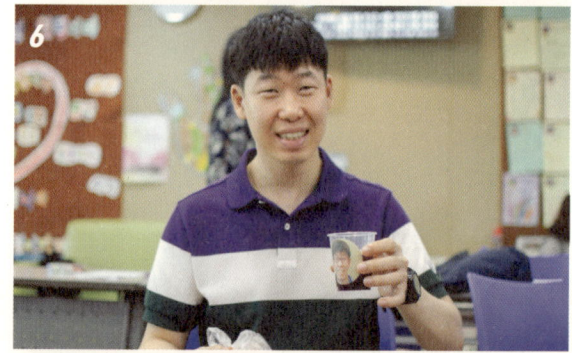

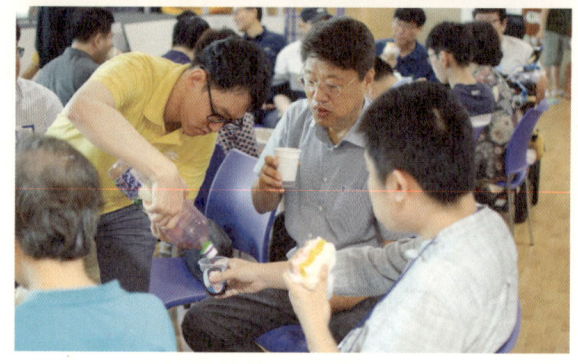

어울리는 찬양 ♪ 月 아름다운 마음들이 모여서 _복음성가

> 진행하기

3 예배를 마친 후 "지금 우리와 함께하지만 (사랑이 식어) 마음을 숨긴 친구를 찾자"고 이야기한다. 다 같이 일어나서 마음을 숨긴 친구(얼굴 라벨지 붙인 컵)를 찾는다. 찾으면서 "친구야 어디에 있니?"라고 이야기한다.

4 모든 친구의 컵을 다 찾을 때까지 멈추지 않는다. 얼굴사진을 보면서 내가 찾은 친구가 누구인지 이야기한다.
- 한 명이 여러 개를 찾을 수 있다. 찾지 못한 친구에게 전해준다.
- 한 사람이 하나의 컵을 갖게 한다.

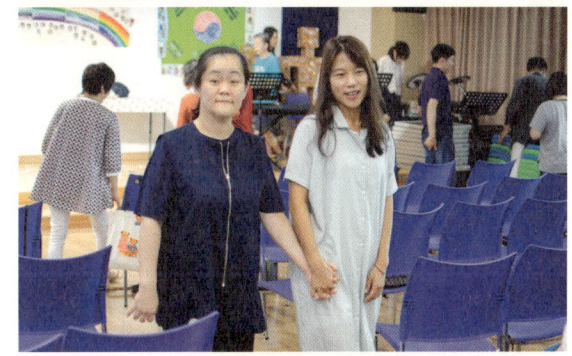

> 더 생각하기

초콜릿류에 들어있는 소량의 카페인이나 알레르기 유발 성분 등을 먹으면 안 되는 친구가 있는지 미리 확인한 후 다른 간식으로 대체하여 준비합니다. 과일 주스를 따르는 활동도 교사가 다 하지 않고 할 수 있는 친구는 직접 잡고 친구와 교사에게 주스를 따라줄 수 있도록 최소한의 도움을 제공해 스스로 해 볼 수 있도록 합니다.

말씀체험

마음으로 뜨겁게 서로 사랑하자

사도 베드로는 영혼을 깨끗하게 하고 거짓 없이 형제를 사랑하자고 권합니다. 마음으로 뜨겁게 사랑하자며, 누군가를 사랑하려면 마음과 뜻과 힘을 다해야 한다고 합니다. 몸이 함께 있다고 해서 마음까지 함께하는 것은 아닙니다. 마음은 눈에 보이지 않기에 얼마든지 숨길 수 있습니다. 같은 공간에서 예배드리지만 마음을 숨긴 친구가 있습니다. 컵에 친구들 얼굴사진을 붙이고 예배실 곳곳에 숨깁니다. 어딘가에 마음을 숨긴 친구가 있을 수 있기에 다 같이 찾는, 마음으로 뜨겁게 격려하는 말씀체험입니다.

준비물

투명컵 또는 종이컵
얼굴 라벨지
작은 초콜릿
과일주스

미리 준비하기

1. 투명컵이나 종이컵에 친구 얼굴 라벨지를 붙인다. 컵 안에 작은 초콜릿을 2-3개 넣는다.

2. 보물 숨기듯 예배실 곳곳에 숨긴다. 찾기 쉽도록 눈에 잘 띄는 곳에 숨긴다.
   · 너무 깊숙이 숨기면 숨긴 교사도 기억하지 못한다. 친구의 컵을 다 찾아야 하기에 숨긴 교사는 어디에 숨겼는지를 기억한다.

성경 본문

베드로전서 1장 18-25절

18. 너희가 알거니와 너희 조상이 물려 준 헛된 행실에서 대속함을 받은 것은 은이나 금 같이 없어질 것으로 된 것이 아니요
19. 오직 흠 없고 점 없는 어린 양 같은 그리스도의 보배로운 피로 된 것이니라
20. 그는 창세 전부터 미리 알린 바 되신 이나 이 말세에 너희를 위하여 나타내신 바 되었으니
21. 너희는 그를 죽은 자 가운데서 살리시고 영광을 주신 하나님을 그리스도로 말미암아 믿는 자니 너희 믿음과 소망이 하나님께 있게 하셨느니라
22. 너희가 진리를 순종함으로 너희 영혼을 깨끗하게 하여 거짓이 없이 형제를 사랑하기에 이르렀으니 마음으로 뜨겁게 서로 사랑하라
23. 너희가 거듭난 것은 썩어질 씨로 된 것이 아니요 썩지 아니할 씨로 된 것이니 살아 있고 항상 있는 하나님의 말씀으로 되었느니라
24. 그러므로 모든 육체는 풀과 같고 그 모든 영광은 풀의 꽃과 같으니 풀은 마르고 꽃은 떨어지되
25. 오직 주의 말씀은 세세토록 있도다 하였으니 너희에게 전한 복음이 곧 이 말씀이니라

베드로전서 2장 9-11절

9. 그러나 너희는 택하신 족속이요 왕 같은 제사장들이요 거룩한 나라요 그의 소유가 된 백성이니 이는 너희를 어두운 데서 불러 내어 그의 기이한 빛에 들어가게 하신 이의 아름다운 덕을 선포하게 하려 하심이라
10. 너희가 전에는 백성이 아니더니 이제는 하나님의 백성이요 전에는 긍휼을 얻지 못하였더니 이제는 긍휼을 얻은 자니라
11. 사랑하는 자들아 거류민과 나그네 같은 너희를 권하노니 영혼을 거슬러 싸우는 육체의 정욕을 제어하라

하나님은 예레미야를 통해 만물 중에서 가장 부패한 것이 인간의 마음이라고 했습니다(렘 17:9). 지혜자는 모든 지킬 만한 것 중에서 더욱 마음을 지키라고 했습니다. 생명의 근원이 마음에서 나기 때문입니다(잠4:23). 마음이 부패한 것은 인간 자체가 부패한 것입니다. 우리는 서로의 마음이 어떠한지 잘 살펴야 합니다. 사도 베드로는 나그네처럼 많은 지역을 다니며 복음을 전했습니다. 하나님 나라의 소망을 지니고 이곳저곳에 거류하는 믿음의 나그네를 만났습니다. 그들이 그리워 복음의 편지를 보냅니다. 보고 싶은 이들을 하나님이 택한 족속, 왕 같은 제사장, 거룩한 나라, 하나님의 소유된 백성이라고 부릅니다. 영혼을 거슬러 싸우는 육체의 정욕을 제어하라고 합니다. 탐욕으로 부패하기 쉬운 마음을 다잡고 진리에 순종해서 영혼을 깨끗하게 하라고 합니다. 형제를 사랑하되 거짓 없이 마음으로 뜨겁게 사랑하라고 합니다. 항상 살아 있는 하나님의 말씀 안에서 마음과 뜻과 힘을 다해 하나님을 예배하고, 말씀을 체험합니다.

30

마음으로 뜨겁게 서로 사랑하자

베드로전서
1장 18-25절

베드로전서
2장 9-11절

진행하기 2

1 종이상자만을 연결해서 십자가를 만들 수 있다. 조별로 십자가의 어떤 부분을 만들지 이야기한다. 종이상자를 꾸미고 연결한다. 종이상자 단면은 양면테이프로 붙인다. 뒷면은 투명테이프로 붙인다.

2 이를 연결해서 하나의 큰 십자가를 만든다.
- 연결하는 면이 떨어질 수 있기에 투명테이프로 단단히 고정한다.
- 이렇게 만들면 십자가를 이동하기가 수월하다. 자기 십자가를 지고 예수를 따르라는 말씀을 체험할 수 있다(눅9:23).

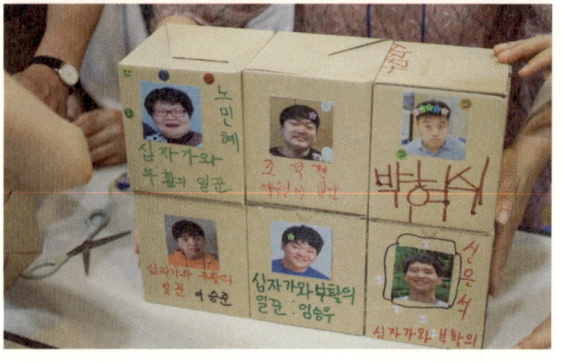

어울리는 찬양 ♪♬ 십자가 십자가 내가 처음 볼 때에 _복음성가

진행하기 1

4 얼굴 라벨지와 정사각형 종이상자 등을 나누어 준다.

5 종이상자를 접기 전에 얼굴 라벨지를 붙인다. 여백에 "십자가와 부활의 일꾼, ○○"이라고 적는다. 스티커 등으로 여백을 꾸민다. 종이상자를 접는다.

6 미리 만든 십자가 틀(접착 폼보드) 앞에 가지고 나온다. 자기 손으로 십자가 틀에 붙인다. 잘 붙지 않으면 종이상자에 양면테이프를 붙인다.
· 다 붙이면 친구 사진과 글과 손으로 만든 십자가가 완성된다.

7 우리가 만든 십자가 옆에서 사진을 찍어 소중히 기억한다.

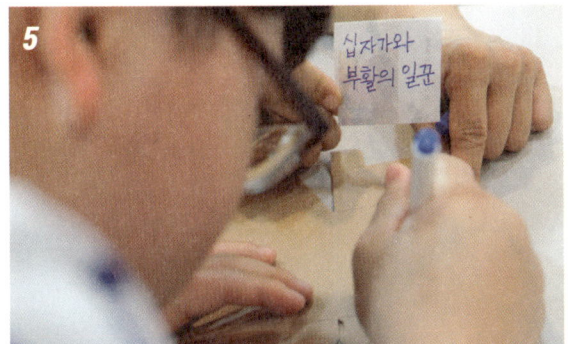

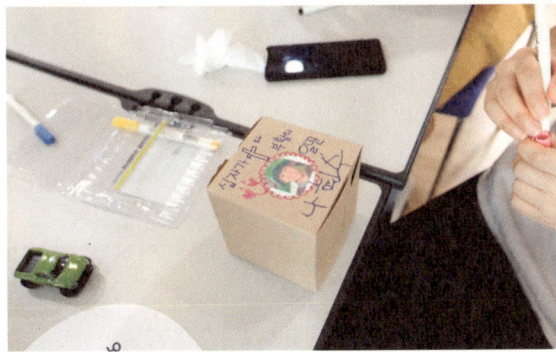

더 생각하기

접착 폼보드의 접착면을 한 번에 다 떼지 말고 상자 크기를 붙일 만큼씩 접착면을 떼 주면서 붙여 나가게 하면 친구가 상자를 붙일 때 위치 잡기가 더 편합니다. 상자를 서로 연결할 때 "누구 옆에", "누구 위에" 등 위치를 이야기하면서 붙이면 공간을 인식할 수 있습니다. 상자를 연결해 붙이기 어려운 친구는 교사가 함께 손을 잡고 붙이거나 붙이는 것을 보는 등 부분적으로 참여할 수 있도록 합니다.

말씀 체험

나는 십자가와 부활의 일꾼이다

사도 바울은 그리스도 안에서 모든 언약백성이 죄에 대해 죽고 하나님에 대해 살길 원했습니다(롬6:11). 이러한 삶을 위해 예수가 십자가에서 언약백성의 죄를 대신해서 죽었습니다. 예수는 우리와 하나님과의 관계를 영원히 회복하고자 영원한 화목제물이 되었습니다. 십자가를 지는 내내 우리 한 사람 한 사람의 죄와 샬롬을 생각했습니다. 죄를 향한 용서와 샬롬을 향한 기대가 담긴 십자가를 친구들 사진과 글과 손으로 만드는 말씀체험입니다.

준비물

접착 폼보드
크래프트 종이상자(정사각형)
얼굴 라벨지
네임펜
양면테이프
투명테이프
스티커

미리 준비하기

1 라벨지에 친구 얼굴 사진을 인쇄한다.

2 정사각형 종이상자를 친구 수만큼 준비한다.
· 종이상자를 연결해서 하나의 십자가를 만들려고 하기에 크기를 예상한다.

3 예상하는 크기만큼 접착 폼보드로 십자가 틀을 만든다. 맨 위에 "예수와 함께 죽고 함께 살자"라고 적어서 붙인다.

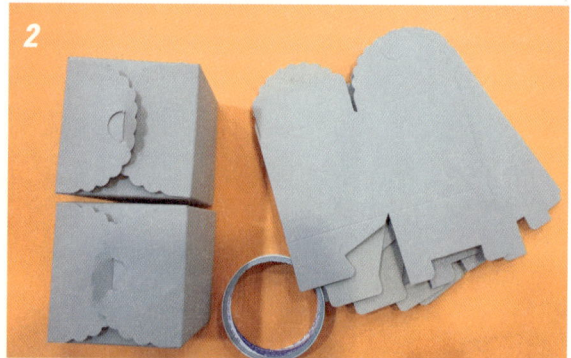

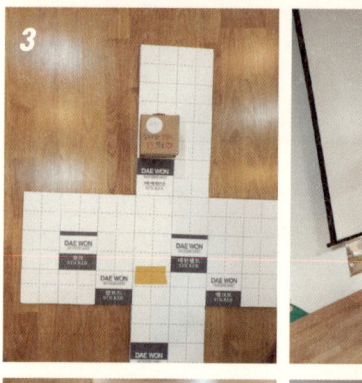 

갈라디아서 2장 20절

20. 내가 그리스도와 함께 십자가에 못 박혔나니 그런즉 이제는 내가 사는 것이 아니요 오직 내 안에 그리스도께서 사시는 것이라 이제 내가 육체 가운데 사는 것은 나를 사랑하사 나를 위하여 자기 자신을 버리신 하나님의 아들을 믿는 믿음 안에서 사는 것이라

골로새서 1장 18-24절

18. 그는 몸인 교회의 머리시라 그가 근본이시요 죽은 자들 가운데서 먼저 나신 이시니 이는 친히 만물의 으뜸이 되려 하심이요
19. 아버지께서는 모든 충만으로 예수 안에 거하게 하시고
20. 그의 십자가의 피로 화평을 이루사 만물 곧 땅에 있는 것들이나 하늘에 있는 것들이 그로 말미암아 자기와 화목하게 되기를 기뻐하심이라
21. 전에 악한 행실로 멀리 떠나 마음으로 원수가 되었던 너희를
22. 이제는 그의 육체의 죽음으로 말미암아 화목하게 하사 너희를 거룩하고 흠 없고 책망할 것이 없는 자로 그 앞에 세우고자 하셨으니
23. 만일 너희가 믿음에 거하고 터 위에 굳게 서서 너희 들은 바 복음의 소망에서 흔들리지 아니하면 그리하리라 이 복음은 천하 만민에게 전파된 바요 나 바울은 이 복음의 일꾼이 되었노라
24. 나는 이제 너희를 위하여 받는 괴로움을 기뻐하고 그리스도의 남은 고난을 그의 몸된 교회를 위하여 내 육체에 채우노라

유대인은 모세의 율법과 선지자의 길과 시편이 약속한 그리스도를 기다렸습니다. 사도 바울은 나사렛 예수를 그리스도(여호와의 구원을 영원히 이루고자 기름 부음 받은 자)라고 인정하지 않았습니다. 그렇게 말하는 자를 괴롭혔습니다. 십자가에서 초라하게 죽어버린 자가 구원자일 수 없습니다. 그리스도는 이스라엘이라는 나라를 세상의 중심으로 우뚝 세워야 합니다. 부활도 필요하지 않았습니다. 사도 바울은 다메섹 그리스도인을 핍박하러 가다가 예수를 그리스도로 만납니다. 십자가의 피가 하나님과 언약백성의 관계를 영원히 회복한 것을, 부활의 생명이 어느 누구도 이기지 못한 죄와 사망의 권세를 깬 것을 알아갑니다. 사도 바울은 십자가와 부활의 소식을 자랑하는 일꾼이 됩니다. 이전에 자랑했던 세상 욕심은 배설물로 여깁니다. 우리가 십자가와 부활만 자랑하길 바랍니다. 마음과 뜻과 힘을 다해 하나님을 예배하고, 말씀을 체험합니다.

29

나는 십자가와 부활의 일꾼이다

갈라디아서
2장 20절

골로새서
1장 18-24절

6 세계지도를 펼친다. 하나님 나라 샬롬을 전하며 여행하고 싶은 나라를 이야기한다. 여권(시민권) 안에 여행하고 싶은 나라 이름을 적고, 스티커 등으로 꾸민다.

7 "하나님 나라 시민으로 샬롬을 전하며 살자"고 격려한다. 하나님 나라 여권(시민권)을 들고 사진을 찍어 소중히 기억한다.

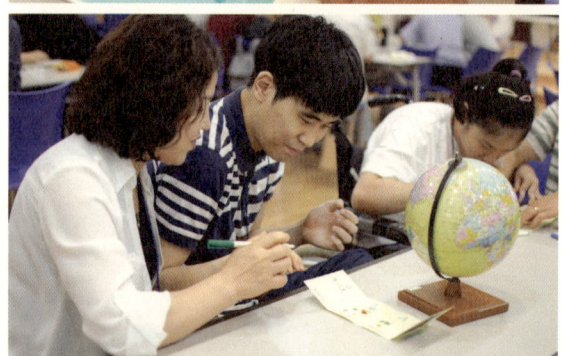
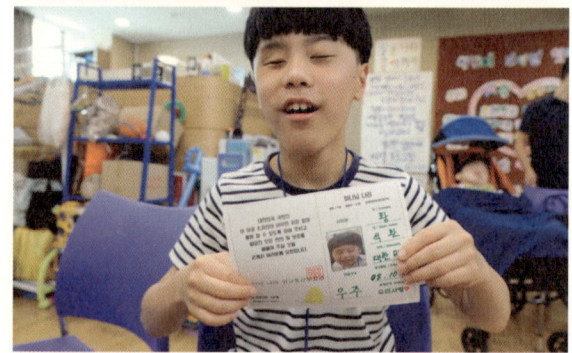

어울리는 찬양 ♪♬

복음 들고 산을 넘는 자(주 다스리시네)
_ 복음성가

진행하기

3 하나님 나라 여권(시민권)과 세계지도 등을 나누어 준다.

4 뒷면에 적힌 빌립보서 3장 20절을 같이 읽는다. "우리의 시민권은 하늘에 있습니다. 우리 구주 예수 그리스도께서 하늘로부터 다시 오시는 날을 우리는 기다립니다."

5 네임펜으로 공란에 이름과 생년월일을 적는다. 이름 옆에 잉크 패드를 이용해 손가락 도장을 찍는다.

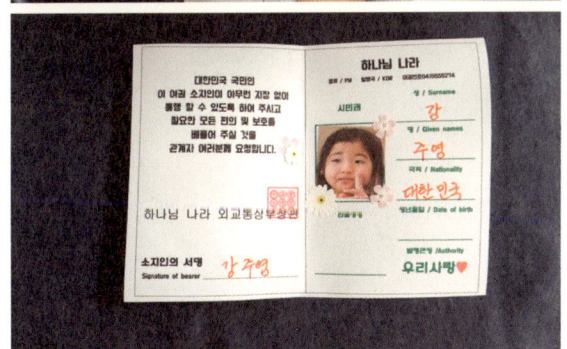

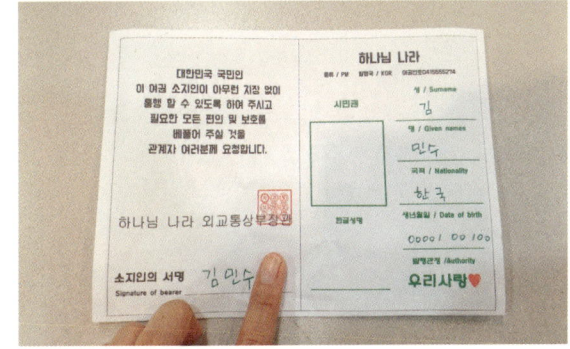

더 생각하기 〉 교사는 사전에 친구의 생년월일을 확인해 둡니다. 세계지도 외에 다양한 나라가 소개된 그림책이나 자료를 준비해도 좋습니다. 세계 여러 나라의 음악들을 간단하게 들려줄 수도 있습니다. 지도를 보기 어려운 친구는 촉각세계지도를 활용하면 각 나라의 모양을 촉각으로 탐색할 수 있습니다.

말씀 체험

우리의 시민권은 하늘에 있다

국가의 삼 요소는 국민과 주권과 영토입니다. 하나라도 없으면 국가일 수 없습니다. 사람마다 자신이 속한 나라가 있습니다. 자신의 나라가 자랑스러울 수도, 아쉬울 수도 있습니다. 저마다 국가가 다르지만, 하나님의 언약백성은 본질적으로 같은 나라에 속합니다. 샬롬이라는 언약으로 시작한 하나님 나라입니다. 그 나라 여권을 만들고 샬롬을 전하러 여행하고 싶은 나라를 적는 말씀체험입니다.

준비물

흰색 두꺼운 종이
얼굴 라벨지
잉크 패드
스티커
네임펜
세계지도
칼 또는 가위

미리 준비하기

1 하나님 나라 여권(시민권)을 편집하고 만들어 두꺼운 종이에 인쇄한다. 기존 여권을 참고해서 다양하게 구성한다.

· 여권(시민권) 안에 여행하고 싶은 나라를 많이 적으려면 6-8페이지가 적당하다. 간단하게 구성하려면 4페이지가 좋다.

2 얼굴 사진을 규격에 맞게 라벨지로 인쇄하고 자른다.

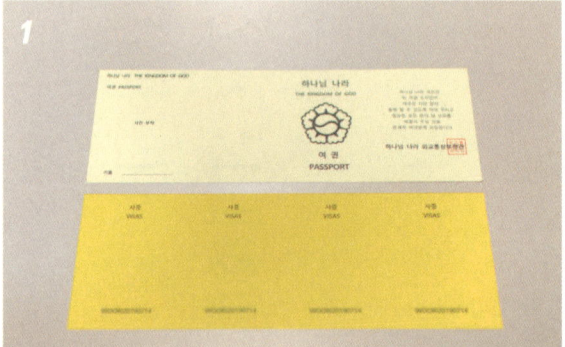

성경 본문

빌립보서 3장 12-21절

12. 내가 이미 얻었다 함도 아니요 온전히 이루었다 함도 아니라 오직 내가 그리스도 예수께 잡힌 바 된 그것을 잡으려고 달려가노라
13. 형제들아 나는 아직 내가 잡은 줄로 여기지 아니하고 오직 한 일 즉 뒤에 있는 것은 잊어버리고 앞에 있는 것을 잡으려고
14. 푯대를 향하여 그리스도 예수 안에서 하나님이 위에서 부르신 부름의 상을 위하여 달려가노라
15. 그러므로 누구든지 우리 온전히 이룬 자들은 이렇게 생각할지니 만일 어떤 일에 너희가 달리 생각하면 하나님이 이것도 너희에게 나타내시리라
16. 오직 우리가 어디까지 이르렀든지 그대로 행할 것이라
17. 형제들아 너희는 함께 나를 본받으라 그리고 너희가 우리를 본받은 것처럼 그와 같이 행하는 자들을 눈여겨 보라
18. 내가 여러 번 너희에게 말하였거니와 이제도 눈물을 흘리며 말하노니 여러 사람들이 그리스도의 십자가의 원수로 행하느니라
19. 그들의 마침은 멸망이요 그들의 신은 배요 그 영광은 그들의 부끄러움에 있고 땅의 일을 생각하는 자라
20. 그러나 우리의 시민권은 하늘에 있는지라 거기로부터 구원하는 자 곧 주 예수 그리스도를 기다리노니
21. 그는 만물을 자기에게 복종하게 하실 수 있는 자의 역사로 우리의 낮은 몸을 자기 영광의 몸의 형체와 같이 변하게 하시리라

성경을 시작하는 단어는 "처음에(창1:1)"입니다. 처음에 하나님은 그 하늘과 그 땅을 창조했습니다. 하늘과 땅은 공간적인 의미를 포괄합니다. 하늘은 샬롬이라는 창조주의 희망, 땅은 이를 실현하는 창조주의 열심입니다. 처음에 가졌던 그분의 희망과 열심은 지금도 한결같습니다. 샬롬이 흘러야 할 땅에 인간의 욕심이 가득합니다. 샬롬이라는 창조주 하나님의 하늘 희망은 온데간데없이 사라졌습니다. 사도 바울은 땅의 주인 노릇 하는 로마에 갇혀 있습니다. 로마에 의한, 로마를 위한 평화를 강요했습니다. 그 상징물이 로마 시민권이었습니다. 사도 바울은 그것을 가지고 있었지만 자랑하지 않았습니다. 그것보다 앞선 하나님 나라의 시민권이 있었기 때문입니다. 세상 권력은 언젠가 사라집니다. 하나님 나라의 소중한 시민으로 샬롬을 누리고 나누길 바랍니다. 마음과 뜻과 힘을 다해 하나님을 예배하고, 말씀을 체험합니다.

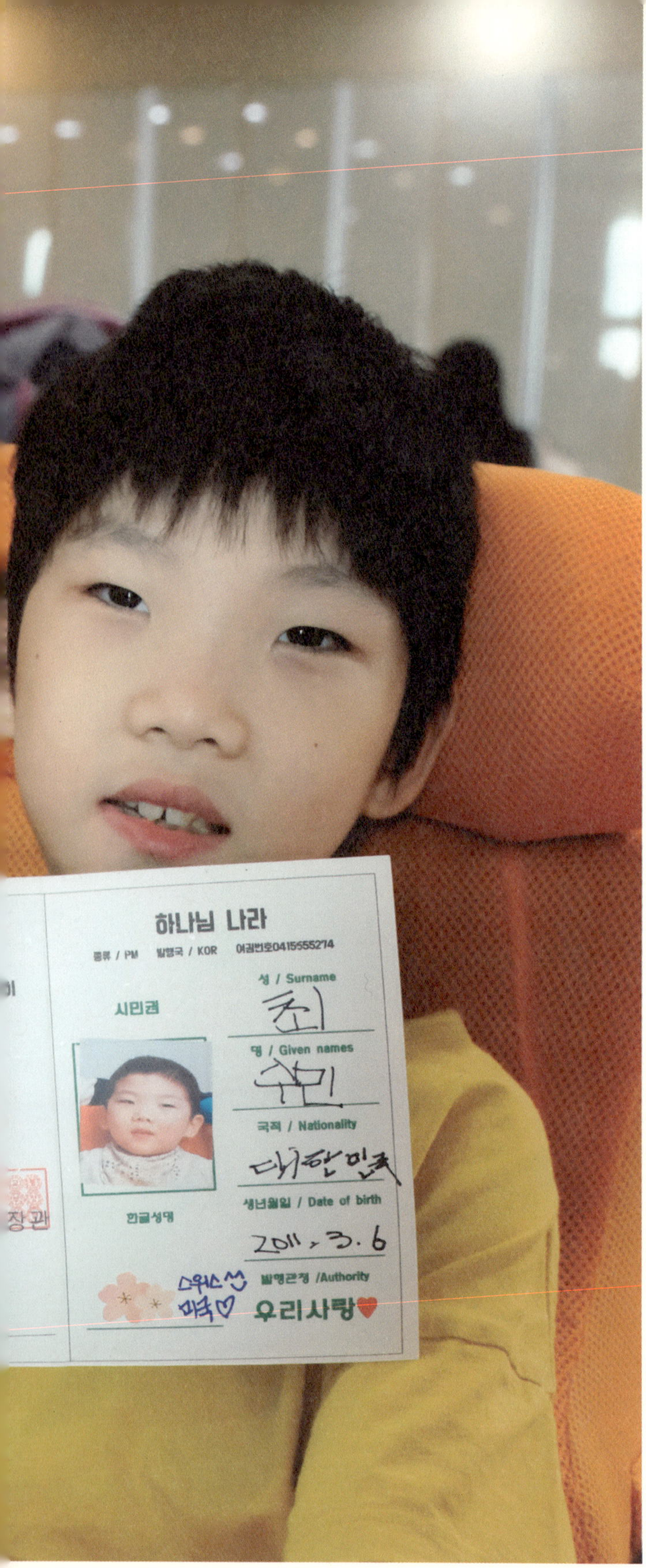

28

우리의 시민권은 하늘에 있다

빌립보서
3장 12-21절

完成된 旅券

5 하나님의 전신갑주로 무장하고 친구와 함께 라벨지로 만든 스티커를 떼어 해당하는 곳에 붙인다. 붙이면서 어떠한 의미인지 이야기한다. 서로 역할을 바꾸어 진행한다.

6 전신갑주로 무장한 여러 명이 모여 사진을 찍어 소중히 기억한다. 서로 돌아가며 입혀주고 사진을 찍는다.

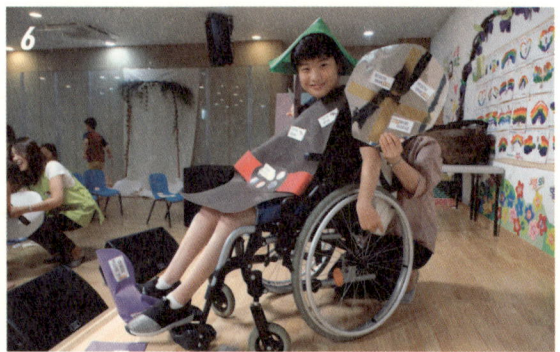

어울리는 찬양 ♪♫

너는 하나님의 군사
_파이디온선교회

미리 준비하기 2

1. 다양한 색상 펠트지를 이용해서 사람이 입을 수 있는 갑옷, 투구, 신발을 만든다. 은색과 금색 종이로 검과 방패를 만든다. 검 뒤에 스티로폼 막대를 붙여 손잡이를 만든다.

2. 라벨지를 이용해서 성령의 무기 이름을 스티커로 만든다.

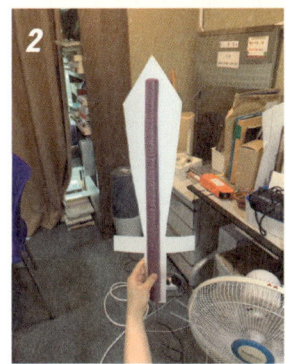

진행하기 2

3. 한 세트의 의상(구원의 투구, 진리의 허리띠, 의의 흉배, 평화와 복음의 신, 믿음의 방패, 성령의 검)을 나누어 준다.

4. 조에서 한 명을 성령의 무기로 무장하며 응원하고 격려한다.

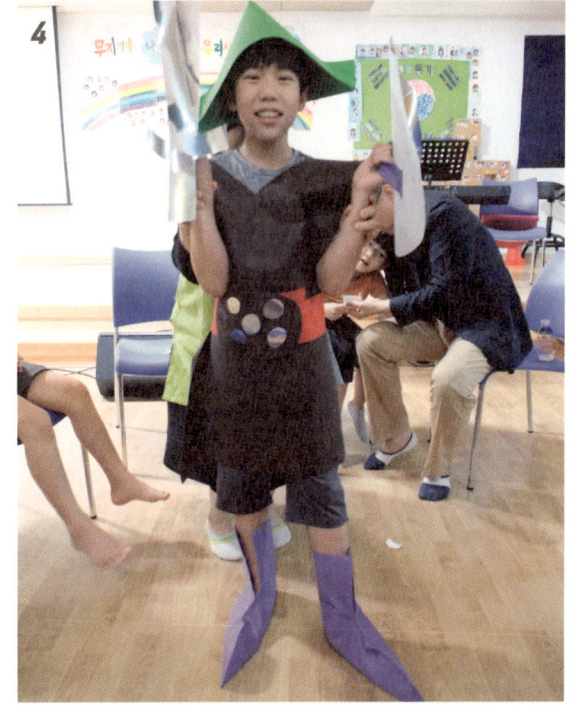

더 생각하기

사람 모양의 구체 관절 인형이나 목각 인형 등을 보며 탐색한 후 활동하면 신체 부위를 이해하기에 좋습니다. 미리 만든 한 세트의 의상을 모두 착용한 사진이나 실제로 입은 교사의 모습을 보며 활동하면 친구가 만들기를 하는 데 도움이 됩니다. 의상을 입을 때는 입어야 할 신체 부위, 입어야 할 옷이나 무기를 연결해 보거나 교사가 이야기하면서 입을 수 있도록 합니다. 의상 입기를 거부하는 친구는 의상을 만져 보고, 다른 친구가 입는 것을 돕는 것으로 활동을 대신합니다. 검과 방패 등을 들고 위험한 장난을 하지 않도록 안전에 유의합니다.

4 하나님의 전신갑주로 무장한 여러 명이 앞으로 나온다. 패션쇼 하듯 다양한 포즈를 취한다. 전신갑주를 입은 소감이 어떤지 이야기한다. 함께하는 이들이 박수하며 격려한다. 같이 사진을 찍어 소중히 기억한다.

3 자유롭게 구원의 투구, 진리의 허리띠, 의의 흉배, 평화와 복음의 신, 믿음의 방패, 성령의 검을 표현한다. 라벨지에 설명을 써서 해당하는 곳에 붙인다.

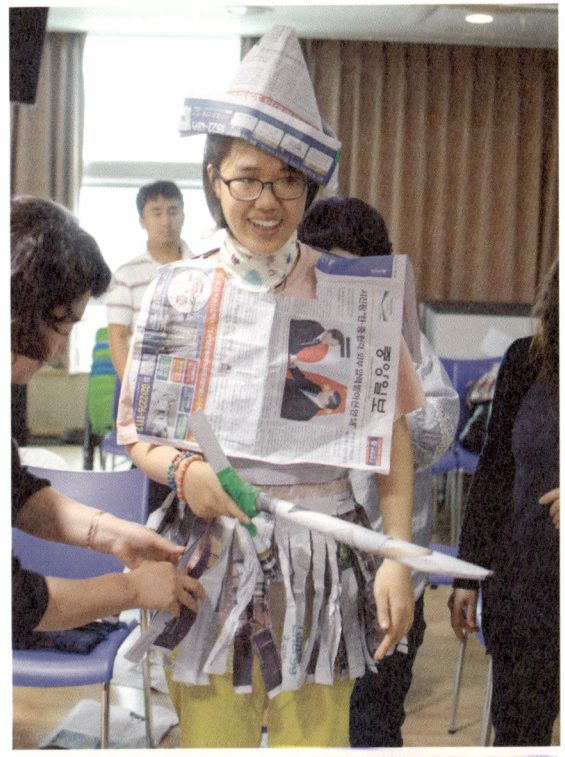

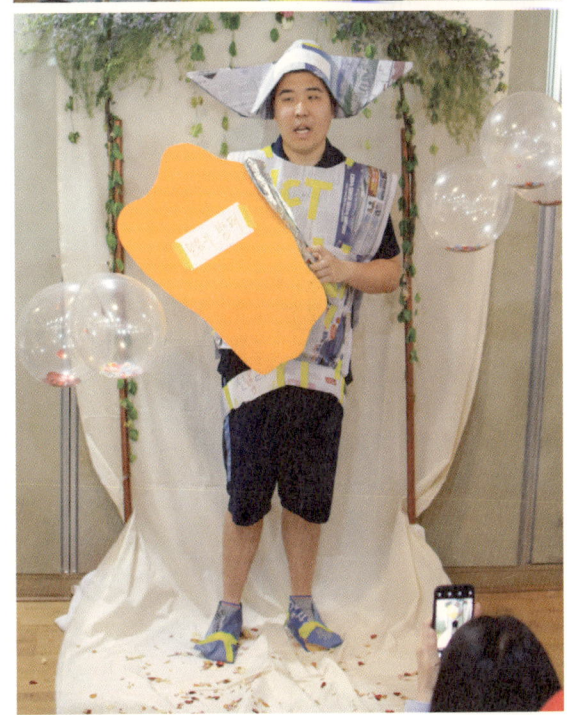

말씀 체험

하나님의 전신갑주로 무장하자

세상의 힘은 돈과 권력입니다. 그것에 욕심을 내고 서로 다툽니다. 얼마나 가졌느냐가 신분과 행복 등을 정합니다. 그것이 전부인 것처럼 여깁니다. 하나님 나라의 샬롬은 그렇지 않습니다. 영적 전쟁은 성령의 무기로 합니다. 구원의 투구, 진리의 허리띠, 의의 흉배, 평화와 복음의 신, 믿음의 방패, 성령의 검으로 무장하는 말씀체험입니다.

준비물

* 신문지로 할 경우
신문지
쿠킹포일
테이프
라벨지

* 펠트지로 할 경우
다양한 색상 펠트지
두꺼운 은색과 금색 종이
스티로폼
풀
양면테이프
라벨지

미리 준비하기

1 신문지와 쿠킹포일과 라벨지와 테이프를 준비한다.

진행하기

2 성령의 무기로 무장할 한 명을 정한다.

성경본문

에베소서 6장 10-20절

10. 끝으로 너희가 주 안에서와 그 힘의 능력으로 강건하여지고
11. 마귀의 간계를 능히 대적하기 위하여 하나님의 전신 갑주를 입으라
12. 우리의 씨름은 혈과 육을 상대하는 것이 아니요 통치자들과 권세들과 이 어둠의 세상 주관자들과 하늘에 있는 악의 영들을 상대함이라
13. 그러므로 하나님의 전신 갑주를 취하라 이는 악한 날에 너희가 능히 대적하고 모든 일을 행한 후에 서기 위함이라
14. 그런즉 서서 진리로 너희 허리 띠를 띠고 의의 호심경을 붙이고
15. 평안의 복음이 준비한 것으로 신을 신고
16. 모든 것 위에 믿음의 방패를 가지고 이로써 능히 악한 자의 모든 불화살을 소멸하고
17. 구원의 투구와 성령의 검 곧 하나님의 말씀을 가지라
18. 모든 기도와 간구를 하되 항상 성령 안에서 기도하고 이를 위하여 깨어 구하기를 항상 힘쓰며 여러 성도를 위하여 구하라
19. 또 나를 위하여 구할 것은 내게 말씀을 주사 나로 입을 열어 복음의 비밀을 담대히 알리게 하옵소서 할 것이니
20. 이 일을 위하여 내가 쇠사슬에 매인 사신이 된 것은 나로 이 일에 당연히 할 말을 담대히 하게 하려 하심이라

사도 바울은 로마에 가고 싶어 했습니다. 로마교회(로마에 있는 하나님의 언약백성)를 만나고 싶었습니다. 그들과 교제한 후 당시 땅끝이라 여긴 스페인에 가려고 했습니다(롬15:24). 그는 로마에 가긴 했으나 미결수 신분이었습니다. 갖은 고생(안디옥 가이사랴 항구에서 6개월 동안 4,000km 항해)을 하고 로마에 도착했습니다. 로마 군인의 손목과 사슬로 연결된 채 가택연금 상태로 지냈습니다. 이런 처지에 놓인 그가 에베소교회에게 편지를 보냅니다. "성령으로 무장하고 버티며 이기자"고 합니다. 복음을 전하다가 사슬에 매였는데 복음으로 승리하자고 합니다. 로마의 권력이 아무리 대단해도 하나님 나라의 샬롬이 기필코, 반드시, 마침내 승리한다는 이야기입니다. 어떤 무기로 무장하며 버티며 싸우느냐가 중요합니다. 마음과 뜻과 힘을 다해 하나님을 예배하고, 말씀을 체험합니다.

27

하나님의 전신갑주로 무장하자

에베소서

6장 10-20절

5 할핀으로 조각을 연결해서 하나의 사람을 만든다. 연결하는 과정을 보여주면서 "사랑 안에서 그리스도의 몸을 세우자"고 이야기한다.
- 할핀이 없으면 양면테이프로 붙이거나 압정을 사용해서 벽에 고정한다.

6 아름답고 다채롭게 표현한 종이 관절 인형을 예배실 한쪽에 부착한다. 따로 또 같이 어우러지는 우리 앞에서 사진을 찍어 소중히 기억한다.

| 어울리는 찬양 ♪♬ | 한 몸 _히즈윌 |

진행하기

2 종이 관절 인형 조각을 한 세트씩 나누어 준다.

3 친구가 팔과 다리와 몸통과 머리 조각을 다양하게 꾸민다. 우리가 따로 또 같이 그리스도의 몸을 이루고 있다고 이야기한다.
· 몸을 이루는 다양한 지체가 우리 자신이기에 자유롭게 표현한다. 그래야 하나로 연결했을 때 더 아름답고 다채롭다.

4 조각 꾸미기를 완성하고 얼굴 라벨지를 붙인다. 사진을 붙여야 몸이 하나이듯 우리가 하나임을 설명하기 쉽다. 사진 아래에 이름을 적어도 좋다.

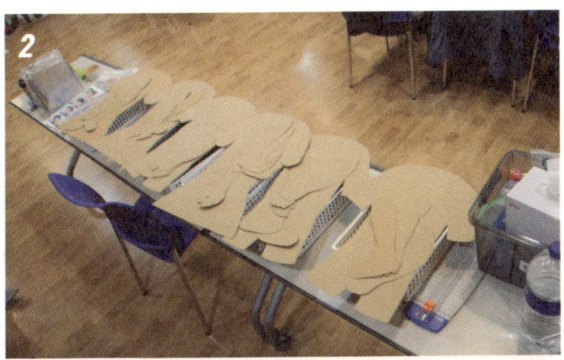

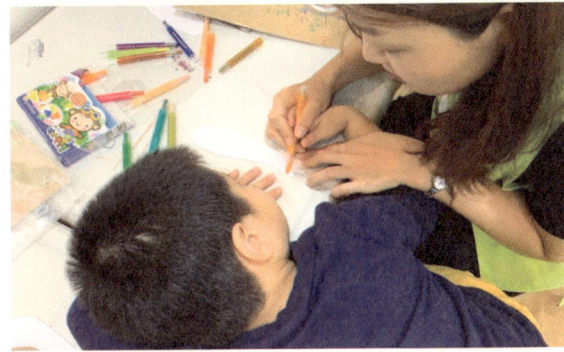

더 생각하기
조각 꾸미기 활동 시 색칠하기 대신 털실로 머리 꾸미기, 눈알 붙이기, 헌 옷이나 헝겊 조각으로 옷 꾸미기 등으로 표현할 수 있습니다. 사전 활동으로 신체 각 부분을 인식할 수 있도록 "머리 어깨 무릎" 등의 동요를 부르며 신체 부위 짚어 보기, 그림 자료 보며 이야기 나누기, 스트레칭하며 자신의 몸 만져보기 등의 활동을 할 수 있습니다. 활동 시에 자신이 꾸미는 조각이 신체의 어느 부위인지 교사가 이야기하며 활동을 진행합니다.

말씀 체험

사랑 안에서 그리스도의 몸을 세우자

우리는 하나님의 형상으로 존재하며, 다양한 모습과 마음과 생각을 지니고 있습니다. 하나의 몸이 다양한 지체로 이루어지듯 다양한 이들이 모여 하나의 교회를 이룹니다. 교회의 머리는 언제나 어디서나 그리스도입니다. 우리는 따로 또 같이 하나의 몸을 이루고 있습니다. 하나됨을 표현하고자 종이로 관절 인형을 만듭니다. 팔과 다리와 몸통과 머리를 다채롭게 표현하고 튼튼하게 연결하는 말씀체험입니다.

준비물

마분지(또는 크래프트 두꺼운 종이)
할핀
가위
사인펜
색연필
얼굴 라벨지
압정

미리 준비하기

1 종이 관절 인형을 다양하게 만든다. 두꺼운 종이 뒷면에 관절 인형 도안을 그리고 자른다. 사람 모양으로 배치한다. 종이를 겹쳐 관절 위치에 구멍을 뚫는다.
- 이후에 할핀으로 연결해서 종이 관절 인형을 완성한다.
- 할핀을 사용하지 않고 양면테이프나 압정으로 연결해도 된다.

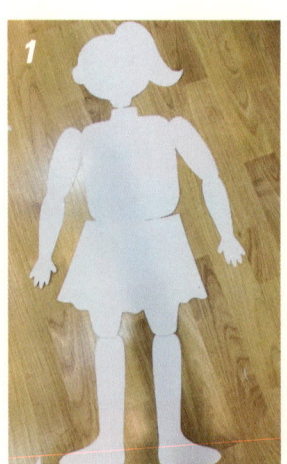

에베소서 4장 7-16절

7. 우리 각 사람에게 그리스도의 선물의 분량대로 은혜를 주셨나니
8. 그러므로 이르기를 그가 위로 올라가실 때에 사로잡혔던 자들을 사로잡으시고 사람들에게 선물을 주셨다 하였도다
9. 올라가셨다 하였은즉 땅 아래 낮은 곳으로 내리셨던 것이 아니면 무엇이냐
10. 내리셨던 그가 곧 모든 하늘 위에 오르신 자니 이는 만물을 충만하게 하려 하심이라
11. 그가 어떤 사람은 사도로, 어떤 사람은 선지자로, 어떤 사람은 복음 전하는 자로, 어떤 사람은 목사와 교사로 삼으셨으니
12. 이는 성도를 온전하게 하여 봉사의 일을 하게 하며 그리스도의 몸을 세우려 하심이라
13. 우리가 다 하나님의 아들을 믿는 것과 아는 일에 하나가 되어 온전한 사람을 이루어 그리스도의 장성한 분량이 충만한 데까지 이르리니
14. 이는 우리가 이제부터 어린아이가 되지 아니하여 사람의 속임수와 간사한 유혹에 빠져 온갖 교훈의 풍조에 밀려 요동하지 않게 하려 함이라
15. 오직 사랑 안에서 참된 것을 하여 범사에 그에게까지 자랄지라 그는 머리니 곧 그리스도라
16. 그에게서 온 몸이 각 마디를 통하여 도움을 받음으로 연결되고 결합되어 각 지체의 분량대로 역사하여 그 몸을 자라게 하며 사랑 안에서 스스로 세우느니라

사도 바울은 로마 법정의 판결을 기다리며 가택 연금 중에 있습니다. 그의 팔과 로마 간수의 팔이 쇠사슬로 연결되었습니다. 죄인 신분으로 지냈기에 몸과 마음이 고단했으나 그리스도의 몸된 교회에 편지를 썼습니다. 그리스도는 교회의 머리이고 교회는 그리스도의 몸이라는, 어떤 어려움이 있더라도 빼앗기지 않을 진리를 전했습니다. 머리와 몸이 하나이듯 그리스도와 교회도 하나입니다. 하나의 몸에는 다양한 지체가 서로 연결되고 결합되어 있습니다. 서로 도와야 건강할 수 있습니다. 교회도 마찬가지입니다. 다양한 생각과 모습을 가진 그리스도인이 사랑 안에서 함께해야 튼튼히 설 수 있습니다. 사도 바울은 에베소 교회가 하나님의 아들을 믿는 것과 아는 일에 하나가 되기를, 오직 사랑 안에서 참된 것을 하기를, 서로 연결되고 결합해서 그리스도의 몸을 튼튼히 세우길 원했습니다. 우리도 참된 교회의 하나됨을 바랍니다. 마음과 뜻과 힘을 다해 하나님을 예배하고, 말씀을 체험합니다.

26

사랑 안에서 그리스도의 몸을 세우자

에베소서
4장 7-16절

5 붙일 때 "사랑이 맞습니다"라고, "사랑이 아닙니다"라고 이야기한다. 다 붙이면 고린도전서 13장이 전하는 사랑 이야기를 다 표현한 것이다.
· 다시 부직포 앞에 가서 사랑이 맞는 것과 사랑이 아닌 것을 비교하며 이야기한다.

6 사랑 이야기를 표현한 부직포 앞에서 사진을 찍어 소중히 기억한다.

어울리는 찬양 ♪♬

천사의 말을(사랑의 송가)
_복음성가

진행하기

3 사랑에 관한 글자 윤곽선을 나누어 준다. 색연필 등으로 글자 안쪽을 색칠한다. 여백도 자유롭게 꾸민다. 자신이 꾸민 글자가 무엇인지, 사랑이 맞는지 아닌지 서로 이야기한다. 글자 뒷면에 벨크로 테이프를 붙인다.

4 하트와 글자를 미리 붙인 부직포 앞에 나온다. 각자 꾸민 글자를 살펴보며 하트 안과 밖에 붙인다. 사랑이 맞는 것은 하트 안에, 사랑이 아닌 것은 하트 밖에 붙인다.

더 생각하기 글자를 꾸미는 재료는 다양하게 준비할 수 있습니다(파스넷, 크레파스, 네임펜, 마커, 스티커, 스팽클, 폼폼이 등). 하트를 종이로 잘라서 붙이는 대신 모루(크리스마스 반짝이 모루, 깃털 모루 등)를 사용하여 만들어도 좋습니다. 하트 안에 붙일 글자와 하트 밖에 붙일 글자의 글꼴이나 배경지의 색을 다르게 해 친구가 두 종류를 나누어 붙일 때 두 가지가 다르다는 것의 단서를 주어 도움이 되도록 합니다.

말씀
체험

사랑이 없다면
헛되다

추상적인 이야기는 듣기에 좋으나 살기에 모호합니다. 사랑 이야기가 대표적입니다. 하나님이 사랑인 것은 그것이 구체적이며 실제적이기 때문입니다. 모세의 율법도, 바울의 이야기도 '더불어 애쓰는 사랑과 샬롬'을 이야기합니다. 고린도교회를 향한 사도 바울의 사랑 이야기는 사랑이 맞는 것과 아닌 것을 명확하게 규정합니다. 사랑을 구체적으로 살피고 선택하는 말씀체험입니다.

준비물

색연필
네임펜
벨크로 테이프(거친 면)
부직포
두꺼운 종이
사랑에 관한 글자

미리 준비하기

1 사랑에 관한 글자 윤곽선을 출력하거나 그린다. 색을 채워 넣고 여백을 꾸미도록 준비한다.
· 오래 참음, 친절, 진리, 기쁨, 덮음, 믿음, 소망, 견딤, 영원
· 시기, 자랑, 교만, 무례, 자기 사랑, 쉽게 성냄, 원한 품음, 불의

2 예배실 한쪽에 붙인 부직포에 큰 하트를 붙인다. 하트는 두꺼운 종이를 연결하거나 전지 사이즈 종이를 오려서 만든다. 하트 안에 "사랑이 맞습니다"라는 글자를 붙인다. 하트 밖에 "사랑이 아닙니다"라는 글자를 붙인다. 맨 위에 "사랑이 없다면 헛됩니다"라는 글자를 붙인다.

성경 본문

고린도전서 13장 1-13절

1. 내가 사람의 방언과 천사의 말을 할지라도 사랑이 없으면 소리 나는 구리와 울리는 꽹과리가 되고
2. 내가 예언하는 능력이 있어 모든 비밀과 모든 지식을 알고 또 산을 옮길 만한 모든 믿음이 있을지라도 사랑이 없으면 내가 아무 것도 아니요
3. 내가 내게 있는 모든 것으로 구제하고 또 내 몸을 불사르게 내줄지라도 사랑이 없으면 내게 아무 유익이 없느니라
4. 사랑은 오래 참고 사랑은 온유하며 시기하지 아니하며 사랑은 자랑하지 아니하며 교만하지 아니하며
5. 무례히 행하지 아니하며 자기의 유익을 구하지 아니하며 성내지 아니하며 악한 것을 생각하지 아니하며
6. 불의를 기뻐하지 아니하며 진리와 함께 기뻐하고
7. 모든 것을 참으며 모든 것을 믿으며 모든 것을 바라며 모든 것을 견디느니라
8. 사랑은 언제까지나 떨어지지 아니하되 예언도 폐하고 방언도 그치고 지식도 폐하리라
9. 우리는 부분적으로 알고 부분적으로 예언하니
10. 온전한 것이 올 때에는 부분적으로 하던 것이 폐하리라
11. 내가 어렸을 때에는 말하는 것이 어린 아이와 같고 깨닫는 것이 어린 아이와 같고 생각하는 것이 어린 아이와 같다가 장성한 사람이 되어서는 어린 아이의 일을 버렸노라
12. 우리가 지금은 거울로 보는 것 같이 희미하나 그 때에는 얼굴과 얼굴을 대하여 볼 것이요 지금은 내가 부분적으로 아나 그 때에는 주께서 나를 아신 것 같이 내가 온전히 알리라
13. 그런즉 믿음, 소망, 사랑, 이 세 가지는 항상 있을 것인데 그 중의 제일은 사랑이라

교회에서 가장 많이 하는 이야기는 '사랑'입니다. 사랑에 관해 이야기하기는 참 쉽습니다. 그러나 그것을 실천하기는 참 어렵습니다. 하나님은 사랑의 근원이자 본체이자 뿌리입니다. 사랑하지 않는 자는 하나님을 알 수 없습니다. 하나님을 안다고 하면 거짓말입니다. 고린도교회가 그랬습니다. 사랑을 이야기하나 사랑하지 않았습니다. 스스로 사랑의 공동체라고 여겼습니다. 사도 바울은 고린도교회에게 사랑이 무엇인지, 사랑이 아닌 것은 무엇인지를 이야기합니다. 사랑은 구체적이어야 하기에 세세하게 이야기합니다. 사랑은 전혀 쉽지 않습니다. 자연스레 나누고 누릴 수 있는 것이 아닙니다. 함께 애쓰며 추구해야 합니다. 사랑이 아닌 것을 쳐내고 사랑인 것을 붙들어야 합니다. 마음과 뜻과 힘을 다해 하나님을 예배하고, 말씀을 체험합니다.

25

사랑이 없다면 헛되다

고린도전서
13장 1-13절

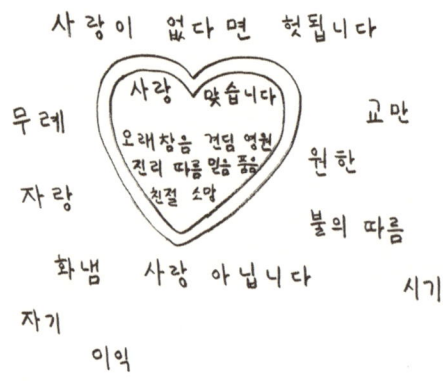

5 길 마지막 결승선 앞에 선다. 결승선을 붙잡고 있는 교사가 결승선에 쓴 글자를 같이 외치게 한다. 결승선을 통과할 때 선을 높이 든다. 다른 친구와 교사가 박수하며 응원한다. 결승선을 통과하면 스티커를 서로의 얼굴에 붙인다.

6 조별로 결승선 안에 모여 사진을 찍어 소중히 기억한다.

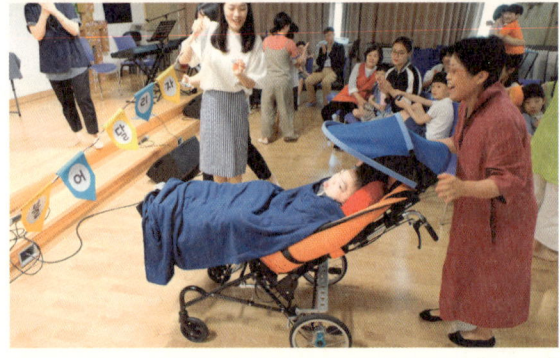

어울리는 찬양 ♪♬

같이 걸어가기
_ 염평안

진행하기

3 예배실 중간에 길을 만들고 길 마지막에 결승선을 설치한다. 결승선에 "약한 자와 더불어 달리자", "믿음의 상을 위해 더불어 달리자" 등의 글자를 매단다.
· 교사 2명이 끝을 붙잡는다.

4 친구와 교사가 출발선에 선다. "약한 자와 더불어 달리자, 믿음의 상을 위해 더불어 달리자"라고 외치고 두 명씩 출발한다. 바닥에 붙인 해바라기를 따라, 지압판을 따라 걷는다.
· 천천히 한발 한발 더불어 걷는다.

더 생각하기

활동 전 스트레칭이나 체조, 간단한 율동 등 준비운동을 해 부상을 예방합니다. 다양한 길을 가는 활동에서 특정 자극이나 재료에 대한 거부가 있으면 해당 구간은 억지로 참여하지 않도록 합니다. 휠체어나 워커 등을 이용하는 친구가 활동할 때는 더 많은 시간과 친구가 활동하고, 길을 지나다니기 쉽도록 충분한 공간을 확보합니다. 휠체어에 앉은 친구를 위해 천장에 풍선을 매달아 두고 그 사이로 지나갈 수 있게 하거나, 휠체어에 앉은 친구 눈높이의 탁자 위에서 할 수 있는 간단한 활동을 1~2가지 준비해 참여를 유도할 수 있습니다.

말씀
체험

믿음의 상을 위해
더불어 달리자

사도 바울이 이야기한 것처럼 인생과 믿음은 달리기입니다. 단거리가 아닌 마라톤과 같이 제법 긴 여정입니다. 마라톤은 많은 사람이 뛰지만 홀로 뛰는 것처럼 고되고 외롭습니다. 인생과 믿음의 길은 더불어 달리는 벗이 있습니다. 기쁘기도 하고 고되기도 한 길을 꽃길과 광야길로 표현합니다. 친구들과 더불어 걷고 '약한 자와 더불어 달리자'라는 결승선을 통과하는 말씀체험입니다.

준비물

색지
양면테이프
풀
노끈
지압발판
스티커

미리 준비하기

1. "약한 자와 더불어 달리자, 믿음의 상을 위해 더불어 달리자"라는 글자를 노끈에 달아 결승선을 만든다.
   · 글자를 인쇄해서 붙이거나 친구가 적어 붙인다.

2. 인생과 믿음의 길을 꽃길과 광야길로 표현한다. 해바라기를 만들어서 바닥에 붙인다. 지압판을 연결해서 바닥에 놓는다.
   · 길은 다양하게 표현할 수 있다.

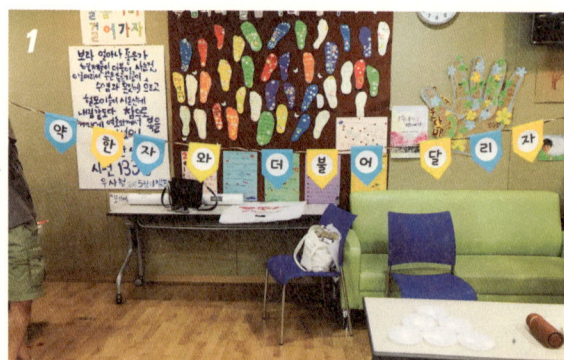

성경 본문

고린도전서 9장 22-27절

22. 약한 자들에게 내가 약한 자와 같이 된 것은 약한 자들을 얻고자 함이요 내가 여러 사람에게 여러 모습이 된 것은 아무쪼록 몇 사람이라도 구원하고자 함이니
23. 내가 복음을 위하여 모든 것을 행함은 복음에 참여하고자 함이라
24. 운동장에서 달음질하는 자들이 다 달릴지라도 오직 상을 받는 사람은 한 사람인 줄을 너희가 알지 못하느냐 너희도 상을 받도록 이와 같이 달음질하라
25. 이기기를 다투는 자마다 모든 일에 절제하나니 그들은 썩을 승리자의 관을 얻고자 하되 우리는 썩지 아니할 것을 얻고자 하노라
26. 그러므로 나는 달음질하기를 향방 없는 것 같이 아니하고 싸우기를 허공을 치는 것 같이 아니하며
27. 내가 내 몸을 쳐 복종하게 함은 내가 남에게 전파한 후에 자신이 도리어 버림을 당할까 두려워함이로다

히브리서 11장 1-3절

1. 믿음은 바라는 것들의 실상이요 보이지 않는 것들의 증거니
2. 선진들이 이로써 증거를 얻었느니라
3. 믿음으로 모든 세계가 하나님의 말씀으로 지어진 줄을 우리가 아나니 보이는 것은 나타난 것으로 말미암아 된 것이 아니니라

히브리서 11장 6절

6. 믿음이 없이는 하나님을 기쁘시게 하지 못하나니 하나님께 나아가는 자는 반드시 그가 계신 것과 또한 그가 자기를 찾는 자들에게 상 주시는 이심을 믿어야 할지니라

믿음이 없이는 여호와 하나님에게 나아갈 수 없습니다. 그분이 기뻐하는 믿음은 복잡하거나 어렵지 않습니다. 두 가지입니다. 하나는 그분의 존재와 공존을 믿는 것입니다. 실제로 그분이 반드시 함께한다는 믿음입니다. 다른 하나는 그분을 찾는 자에게 상을 준다는 것입니다. 상이란 눈에 보이는 가시적인 선물이 아닙니다. 본질적이고 근원적인 의미입니다. 그분이 나와 언제나 어디서나 어떻게든 함께한다는 믿음, 그 믿음 자체가 상입니다. 사도 바울은 믿음의 여정을 달리기로 표현합니다. 홀로 달리는 것이 아닙니다. 믿음의 상을 위해 더불어 달립니다. 하나님이 언제나 어디서나 어떻게든, 그리고 반드시 함께한다고 믿는다면 이미 그 상을 받은 것입니다. 오늘 함께하는 이들과 믿음으로 달리길 바랍니다. 마음과 뜻과 힘을 다해 하나님을 예배하고, 말씀을 체험합니다.

24

믿음의 상을 위해 더불어 달리자

고린도전서
9장 22-27절

히브리서
11장 1-3절
11장 6절

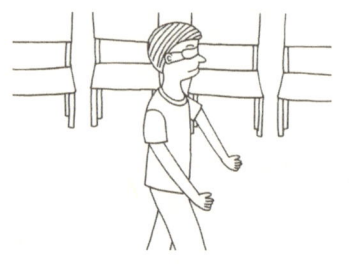

6 노끈을 연결한 메모택 뒤편에 "OO는 그리스도의 향기라"라고 적는다. 메모택이 작아서 불편할 수 있다. 상황에 따라 향주머니에 크게 적어도 된다.

7 메모택을 향주머니 끈에 연결한다. 친구끼리 완성한 향주머니 향을 맡으며 서로 격려하고 응원한다.

8 향주머니를 모아서 사진을 찍거나, 손에 들고 사진을 찍어 소중히 기억한다.
- 메모택을 사용하지 않고 향주머니에 직접 적어도 된다. 우리나라에 그리스도의 향기가 가득하길 바라며 '대한민국 샬롬', 'KOREA, 샬롬'이라고 적고 한반도기를 그린다.

어울리는 찬양 ♪♫

너는 그리스도의 향기라
_복음성가

> **진행하기**

2 편백나무 조각과 향주머니 등을 나누어 준다.

3 편백나무 조각에 코를 대고 은은하고 아름다운 향을 맡는다. 우리의 삶과 신앙에 이렇게 아름답고 사랑스러운 향이 나길 바란다고 이야기한다.

4 향주머니에 편백나무 조각을 넣는다.

5 향주머니 끈을 조이고 매듭지어 묶는다. 향주머니가 얇을수록 향이 잘 난다.

> **더 생각하기**
>
> 편백나무 외에도 향을 낼 수 있는 재료가 있습니다. 샤쉐스톤은 여러 가지 오일을 넣어 향기를 뿜어내게 할 수 있는 재료입니다. 또는 세숫비누를 조각내어 망에 담으면 세숫비누 향이 은은하게 납니다. 편백나무, 샤쉐스톤, 비누 조각 모두 재료의 크기가 작고 삼키면 위험하기에 활동 시 친구가 먹지 않도록 주의합니다. 메모택은 구입해도 좋지만, 조금 두꺼운 종이나 박스로 만들거나 출력·코팅해 만들 수 있습니다.

말씀 체험

너는 그리스도의 향이 배인 편지라

사도 바울은 다양한 예로 복음과 하나님 나라의 샬롬을 전했습니다. 생각과 나눔이 실제적이면 실천과 적용도 마찬가지입니다. 그는 고린도교회에게 그리스도의 향이 배인 편지이길 바란다고 이야기합니다. 이기적인 욕심을 버리고 더불어 샬롬을 바라는 교회이길 원했습니다. 나쁜 향이 배이면 나쁜 향이, 좋은 향이 배이면 좋은 향이 납니다. 우리의 삶과 신앙에 편백나무처럼 은은하고 아름다운 향이 나길 바랍니다. 편백나무 조각으로 향주머니를 만드는 말씀체험입니다.

준비물

편백나무 조각
향주머니
네임펜
노끈
메모택

미리 준비하기

1 향주머니에 달 메모택에 미리 노끈을 연결한다.

· 편백나무 조각은 웹사이트에서 '편백나무 칩'으로 검색해서 주문한다. 조각 크기가 다양하기에 상황에 따라 선택한다.
· 친구가 실수로 삼키지 않도록 주의한다.

성경 본문

고린도후서 2장 14-17절

14. 항상 우리를 그리스도 안에서 이기게 하시고 우리로 말미암아 각처에서 그리스도를 아는 냄새를 나타내시는 하나님께 감사하노라
15. 우리는 구원 받는 자들에게나 망하는 자들에게나 하나님 앞에서 그리스도의 향기니
16. 이 사람에게는 사망으로부터 사망에 이르는 냄새요 저 사람에게는 생명으로부터 생명에 이르는 냄새라 누가 이 일을 감당하리요
17. 우리는 수많은 사람들처럼 하나님의 말씀을 혼잡하게 하지 아니하고 곧 순전함으로 하나님께 받은 것 같이 하나님 앞에서와 그리스도 안에서 말하노라

고린도후서 3장 1-3절

1. 우리가 다시 자천하기를 시작하겠느냐 우리가 어찌 어떤 사람처럼 추천서를 너희에게 부치거나 혹은 너희에게 받거나 할 필요가 있느냐
2. 너희는 우리의 편지라 우리 마음에 썼고 뭇 사람이 알고 읽는 바라
3. 너희는 우리로 말미암아 나타난 그리스도의 편지니 이는 먹으로 쓴 것이 아니요 오직 살아 계신 하나님의 영으로 쓴 것이며 또 돌판에 쓴 것이 아니요 오직 육의 마음판에 쓴 것이라

사도 바울은 전도여행을 하며 수많은 도시를 다녔습니다. 추측이지만 가장 기억에 남는 곳은 고린도이지 않을까 싶습니다. 가장 문제가 많았던 도시였고 교회였기 때문입니다. 당시 헬라인은 무질서하게 사는 사람을 일컬어 "코린도조마이(고린도스럽다)"라고 했습니다. 2차 전도여행 중에 18개월을 머무르며 교회를 세웠습니다. 떠나고 나서 좋지 않은 소식이 들렸습니다. 파벌, 음행, 송사, 여성 두건, 애찬, 결혼, 사도권, 은사, 방언, 부활 등에 대한 다툼과 문제가 산적했습니다. 고린도전서는 이를 해결하고자 보낸 눈물의 편지입니다. 고린도후서는 이러한 문제가 어느 정도 해소되었다는 소식을 듣고 보낸 기쁨의 편지입니다. 사도 바울은 그리스도의 향이 베인 편지를 보냈습니다. 한 사람의 회복은 그를 사랑하는 이의 눈물과 기쁨으로 이루어집니다. 우리의 삶에도 그리스도의 향이 베이길 바랍니다. 마음과 뜻과 힘을 다해 하나님을 예배하고, 말씀을 체험합니다.

23

너는 그리스도의 향이 베인 편지라

고린도후서
2장 14-17절
3장 1-3절

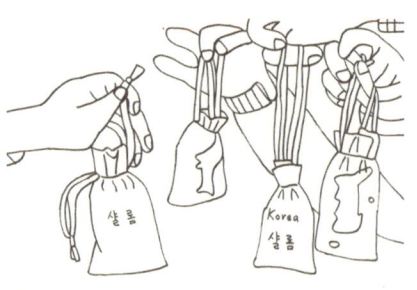

13 씨앗 심기를 마친 후 완성한 용기를 각 조 화단에 놓고, 볕이 잘 드는 창가에 둔다. 한 주 지나면 하나님이 자라나게 하는 새싹을 볼 수 있다. 물이 마르지 않도록 살핀다.

· 두 주 지나면 새싹이 제법 높이 자란다.

14 친구와 함께 자라난 새싹을 확인한다. "하나님이 천천히 우리의 믿음과 소망과 사랑을 자라게 한다"고 이야기한다. 모아놓고 사진을 찍거나 나의 새싹을 들고 사진을 찍어 소중히 기억한다.

· 부서 예배실에 계속 두거나 집에 가져가게 한다.

| 어울리는 찬양 ♪♬ | 꽃들도
_ J worship |

11 씨앗을 황토가루 위에 골고루 뿌린다.
- 황토가루를 바르게 펴고 씨앗을 골고루 뿌려야 잘 자란다.

12 친구 사진이 있는 라벨지에 이름(OO, 하나님의 밭)을 적고 플라스틱 용기에 붙인다.
- 얼굴 라벨지와 문구를 적을 라벨지를 따로 붙여도 된다.

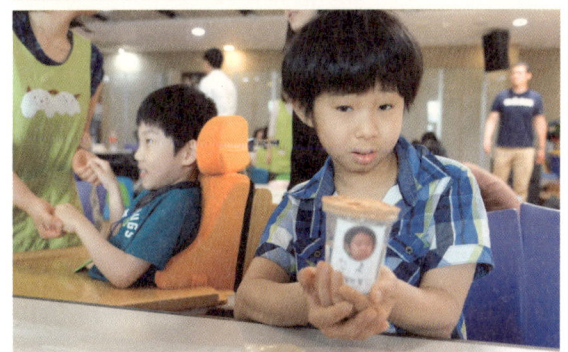

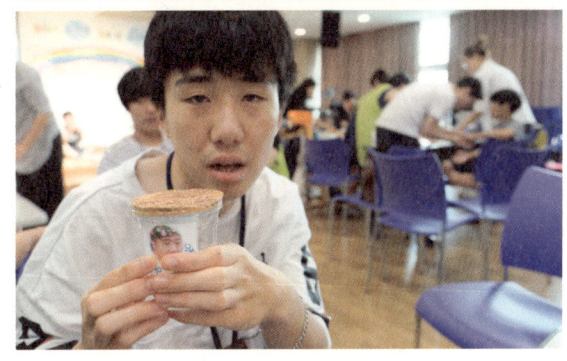

더 생각하기

교회에 화단이 있으면 화단에 직접 씨앗을 심거나 꽃모종을 심는 활동을 진행해도 좋습니다. 새싹 외에도 콩나물, 버섯, 상추 등 다양한 식물 재배 키트를 판매하니 여러 종류의 다양한 식물을 길러봐도 좋습니다. 황토가루가 손에 묻는 것을 싫어하는 친구가 있을 수 있으니 비닐장갑을 준비합니다. 친구가 씨앗이나 황토가루를 입으로 가져가거나 먹지 않도록 주의하며 활동합니다. 매주 새싹이 자라는 과정을 사진으로 기록해 새싹이 자라는 변화 과정을 관찰할 수 있도록 합니다.

진행하기

8 새싹 키우기 세트와 화단과 미리 물을 담은 플라스틱 용기를 나누어 준다.

9 미리 작업한 채반을 뒤집어진 뚜껑에 올린다. 펠트지가 물에 잠기도록 플라스틱 용기에 위의 뚜껑을 올린다.

10 채반 위에 황토가루를 부어 바르게 편다.

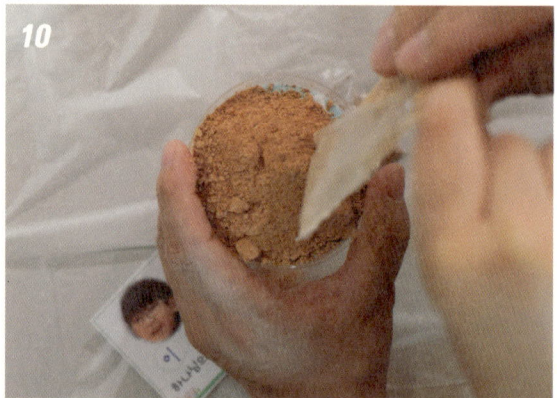

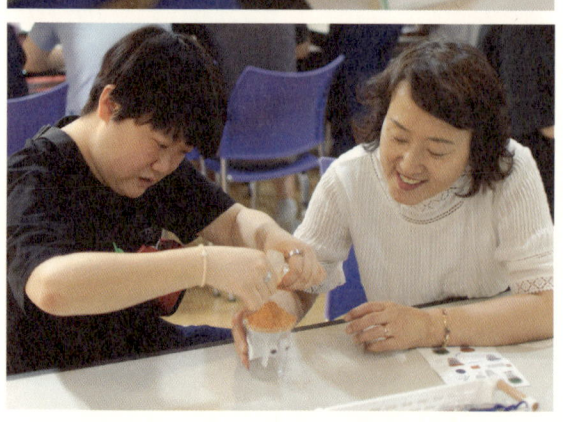

미리 준비하기

새싹 키우기 세트 준비

웹사이트에서 '새싹 키우기 잔디인형 만들기'로 검색해 주문한다. 만들기 순서가 자세히 적힌 안내문이 들어 있어 손쉽게 키울 수 있다.

4 펠트지를 채반에 끼운다.

5 펠트 조각으로 구멍을 막는다(나중에 황토가 밑으로 흐르지 않도록).

6 플라스틱 용기에 물을 담는다.

7 친구 사진 아래에 'OO, 하나님의 밭' 문구를 넣어서 라벨지를 만든다.
  · 얼굴 라벨지와 문구를 적을 라벨지를 따로 해도 된다.

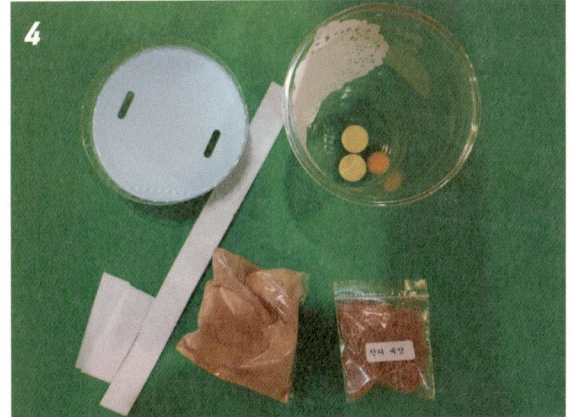

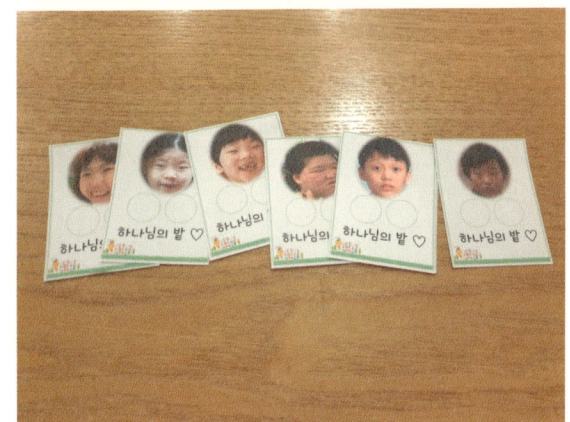

> 말씀
> 체험

우리는
하나님의 밭이라

사도 바울은 우리가 하나님의 동역자라고 합니다. 샬롬이 가득한 그분의 물댄 동산을 함께 일구는 사이입니다. 우리가 씨앗을 심고 물 줍니다. 하나님이 자라게 합니다. 우리와 하나님이 땅에 생명을 움트게 하고자 마음과 뜻과 힘을 모읍니다. 애써도 마음처럼 안 되는 일이 많지만, 함께 애쓸 수 있는 벗이 있어서 좋습니다. 새싹 키우기 세트를 이용해서 나와 하나님만의 작은 밭을 꾸밉니다. 몇 주간 새싹이 자라나는 과정을 지켜보며 감사하는 말씀체험입니다.

준비물

라벨지
우드락
녹색 계열 펠트지
다양한 색의 EVA지
새싹 키우기 세트(웹사이트 주문)
물

미리 준비하기

화단 만들기

1 우드락으로 높이가 낮은 상자를 만든다. 바닥에 녹색 펠트지를 붙인다.

2 EVA지를 사진의 모양으로 여러 개 자른다. 상자에 붙여 울타리를 표현한다.

3 조를 구분할 수 있는 새싹 모양 화단 팻말을 화단에 붙인다.

고린도전서 3장 3-11절

3. 너희는 아직도 육신에 속한 자로다 너희 가운데 시기와 분쟁이 있으니 어찌 육신에 속하여 사람을 따라 행함이 아니리요
4. 어떤 이는 말하되 나는 바울에게라 하고 다른 이는 나는 아볼로에게라 하니 너희가 육의 사람이 아니리요
5. 그런즉 아볼로는 무엇이며 바울은 무엇이냐 그들은 주께서 각각 주신 대로 너희로 하여금 믿게 한 사역자들이니라
6. 나는 심었고 아볼로는 물을 주었으되 오직 하나님께서 자라나게 하셨나니
7. 그런즉 심는 이나 물 주는 이는 아무 것도 아니로되 오직 자라게 하시는 이는 하나님뿐이니라
8. 심는 이와 물 주는 이는 한가지이나 각각 자기가 일한 대로 자기의 상을 받으리라
9. 우리는 하나님의 동역자들이요 너희는 하나님의 밭이요 하나님의 집이니라
10. 내게 주신 하나님의 은혜를 따라 내가 지혜로운 건축자와 같이 터를 닦아 두매 다른 이가 그 위에 세우나 그러나 각각 어떻게 그 위에 세울까를 조심할지니라
11. 이 닦아 둔 것 외에 능히 다른 터를 닦아 둘 자가 없으니 이 터는 곧 예수 그리스도라

사도 바울은 "스스로 속이지 말라 하나님은 업신여김을 받지 아니하시나니 사람이 무엇으로 심든지 그대로 거두리라(갈6:7)"고 이야기합니다. 지혜자는 "사람이 마음으로 자기의 길을 계획할지라도 그의 걸음을 인도하시는 이는 여호와시니라(잠16:9)"고 합니다. 하나님이 모든 것을 다 한다는 의미가 아닙니다. 우리와 공존하길, 동행하길 원한다는 의미입니다. 그분은 삶과 쉼과 사역과 사랑과 희로애락 모두를 함께하고 싶어 합니다. 사도 바울은 우리가 하나님의 동역자와 밭과 집이라고 합니다. 그분이 모세에게 "나는 스스로 있는 자이니라(출3:14)"고 한 것은 "나는 나의 희망과 언약과 언약백성 등과 스스로 함께하겠다"는 의미입니다. 우리도 하나님과 공존하고 동행하길 바랍니다. 마음과 뜻과 힘을 다해 하나님을 예배하고, 말씀을 체험합니다.

22

우리는
하나님의 밭이라

고린도전서
3장 3-11절

6 성령의 열매를 적은 꽃을 찾아서 가지고 나온다. 아직 찾지 못한 친구가 있다면 선물한다. 미리 꾸민 하나님의 물댄 동산에 붙인다.

7 꽃을 손으로 만지며 "성령의 열매를 누리고 나누며 살자"고 이야기한다. (성령의 열매를 적은 꽃이 가득한) 물댄 동산에서 사진을 찍어 소중히 기억한다.

어울리는 찬양 ♪♫

성령의 열매
_노아키즈

| 진행하기 |

4 볼풀장 안에 볼풀공을 넣는다. 성령의 열매와 육신의 열매를 적은 꽃을 넣고 뒤섞는다.

5 친구 한두 명씩 볼풀장 안에 들어간다. 성령의 열매를 적은 꽃을 찾는다. 찾을 때마다 크게 칭찬하고 격려한다. 육신의 열매를 적은 꽃을 찾았다면 다시 내려놓게 한다. 그것으로는 하나님의 물댄 동산을 꾸밀 수 없다고 이야기한다.

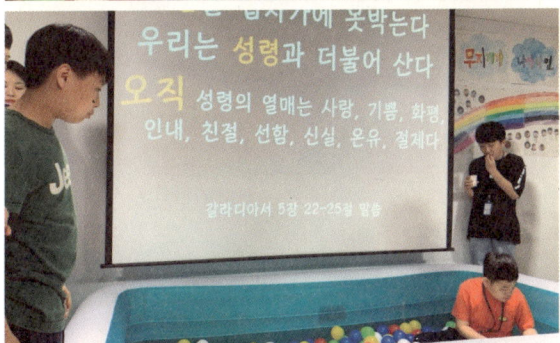

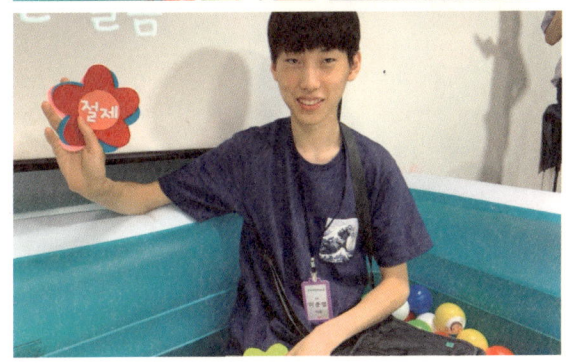

더 생각하기

볼풀장에 들어가서 활동하는 것에 거부감이 있으면, 먼저 작은 풀장 또는 매트 위에서 볼풀 공을 가지고 놀며 탐색하는 시간을 가집니다. 볼풀장 안에 들어갈 때는 잃어버리거나 찔릴 수 있는 물건을 가지고 있지는 않은지 미리 친구의 손과 주머니 등을 확인합니다. 친구가 볼풀 안에 들어가 입으로 가져갈 수도 있으니 미리 깨끗하게 닦아야 합니다. 큰 세탁망에 넣어 세탁기의 울코스로 돌리면 쉽게 세탁할 수 있습니다. 볼풀장과 볼풀을 구매해 활동하기 어려우면 예배실 곳곳에 성령의 열매와 육신의 열매를 숨겨두고 신나는 음악을 들으며 찾는 활동으로 변형해 진행합니다.

말씀 체험

오직 성령의 열매는 사랑과

사도 바울은 육신의 열매와 성령의 열매를 대조해서 이야기합니다. 육신의 열매를 맺는 사람은 결코 하나님 나라의 샬롬을 누릴 수 없다고 합니다. 성령의 열매를 추구하는 것만큼 육신의 열매를 주의하는 것이 중요합니다. 이것도 하고 저것도 하는 것은 하나님 보기에 악한 욕심입니다. 친구들이 좋아하는 볼풀장 안에 육신의 열매와 성령의 열매를 적은 꽃을 뒤섞어 놓습니다. 그 안에 들어가 성령의 열매를 적은 꽃을 찾아 하나님의 물댄 동산을 꾸미는 말씀체험입니다.

준비물

연두색과 초록색 색지와 펠트지
무지개색 펠트시트지
검은색 색지
볼풀장
볼풀

미리 준비하기

1. 무지개색 펠트시트지를 꽃 모양으로 자른 후 성령의 열매를 여러 개 적는다.

2. 검은색 종이를 꽃 모양으로 자른 후 육신의 열매를 여러 개 적는다.

3. 예배실 앞에 성령의 열매를 적은 꽃을 붙일 하나님의 물댄 동산을 만든다. 연두색과 초록색 색지와 펠트지로 간단하게 꾸민다.

갈라디아서 5장 16-26절

16. 내가 이르노니 너희는 성령을 따라 행하라 그리하면 육체의 욕심을 이루지 아니하리라
17. 육체의 소욕은 성령을 거스르고 성령은 육체를 거스르나니 이 둘이 서로 대적함으로 너희가 원하는 것을 하지 못하게 하려 함이니라
18. 너희가 만일 성령의 인도하시는 바가 되면 율법 아래에 있지 아니하리라
19. 육체의 일은 분명하니 곧 음행과 더러운 것과 호색과
20. 우상 숭배와 주술과 원수 맺는 것과 분쟁과 시기와 분냄과 당 짓는 것과 분열함과 이단과
21. 투기와 술 취함과 방탕함과 또 그와 같은 것들이라 전에 너희에게 경계한 것 같이 경계하노니 이런 일을 하는 자들은 하나님의 나라를 유업으로 받지 못할 것이요
22. 오직 성령의 열매는 사랑과 희락과 화평과 오래 참음과 자비와 양선과 충성과
23. 온유와 절제니 이같은 것을 금지할 법이 없느니라
24. 그리스도 예수의 사람들은 육체와 함께 그 정욕과 탐심을 십자가에 못 박았느니라
25. 만일 우리가 성령으로 살면 또한 성령으로 행할지니
26. 헛된 영광을 구하여 서로 노엽게 하거나 서로 투기하지 말지니라

예수 그리스도는 죄와 사망의 권세를 이기고 부활했습니다. 제자들은 예수가 십자가에서 죽고 모든 것이 끝났다고 여겼습니다. 너무 두려워 문을 잠근 채 모였습니다. 예수는 자신을 모른 체 하고 도망간 제자들을 찾아갑니다. 두려움으로 굳게 닫힌 문을 열지 않고 그 안으로 들어갑니다. 제자들에게 "너희에게 평강이 있을지어다(요20:19)"라고 전합니다. 희망이 희망인 이유는 절망이 어떠해도 이를 견뎌내게 하기 때문입니다. 희망은 뜬구름 같지 않습니다. 아슬아슬한 우리의 일상과 믿음에 함께합니다. 예수 그리스도는 숨을 내쉬며 "성령을 받으라(요20:22)"고 합니다. 부활한 예수가 전하는 희망은 '성령과 더불어 샬롬'입니다. 사도 바울은 성령과 더불어 샬롬을 누리는 삶을 소개합니다. 사랑과 희락과 화평과 자비와 양선과 충성과 온유와 절제와 오래 참음입니다. 아홉가지 성령의 열매가 우리의 삶에 맺히길, 그 열매를 소중한 이들과 나누길 바랍니다. 마음과 뜻과 힘을 다해 하나님을 예배하고, 말씀을 체험합니다.

21

오직 성령의 열매는 사랑과

갈라디아서
5장 16-26절

5 부채를 꾸미고 친구에게 성령의 바람을 불어준다. "성령의 바람아, OO에게 불어라"고 이야기하며 부채질한다. 자리를 옮겨 다니며 서로에게 불어준다. 바람을 불어주는 것만으로도 힘이 난다.

6 곱게 꾸민 부채를 들고 사진을 찍어 소중히 기억한다.

| 어울리는 찬양 ♪♫ | 성령님 오소서 _국제윙윙스쿨 |

진행하기

2 한지 부채와 꾸밀 재료를 나누어 준다.

3 붓펜으로 한지 부채에 '성령의 바람아 불어라'라고 적고, 친구 이름도 적는다.
· 표현은 자유롭게 선택할 수 있다.

4 여백에 다양한 모양의 한지(꽃, 하트, 동그라미 등)를 붙인다. 꼭 정해진 모양으로 하지 않아도 된다. 친구가 원하는 모양으로 자유롭게 한지를 찢거나 오리게 한다. 한지에 붙이면 독특한 모양의 부채가 된다.

더 생각하기
준비한 재료를 붙일 때 풀칠을 하기 어려운 친구는 교사가 풀칠하고 친구는 붙이는 활동만 하도록 과제를 수정하여 친구가 일부분이라도 참여하도록 지도합니다. 표현방법과 재료를 다양하게 바꿀 수 있습니다(압화, 물감 칠하기, 붓으로 그리기, 붓펜으로 캘리그라피 쓰기, 스티커 붙이기 등).

> 말씀
> 체험

성령의 바람아 불어라

우리는 바람이 어디에서 와서 어디로 가는지 알지 못합니다. 그저 나를 스쳐 지나갈 뿐입니다. 여호와 하나님의 바람은 정처 없이 불지 않습니다. 그분의 구원(심판과 회복)을 향한, 빛과 정의와 사랑과 샬롬을 향한 바람은 하늘에서 땅을 향해 붑니다. 하늘은 그분과 언약 백성의 희망과 기쁨을, 땅은 그분과 언약 백성의 절망과 슬픔을 의미합니다. 성령의 바람은 하늘로부터 땅을 향해, 지치고 낙담하기 쉬운 우리 일상을 향해 불어옵니다. 부활의 날을 소망하며 사느라 살아내느라 애썼다며 멈추지 않고 불어옵니다. 한지 부채를 곱게 꾸미고 여호와 하나님과 나와 너에게 성령의 바람을 불어 주는 말씀체험입니다.

준비물

한지 부채
붓펜
네임펜
한지
풀

미리 준비하기

1 소근육을 사용하기 힘든 친구를 위해 한지를 여러 가지 모양(꽃, 하트, 동그라미 등)으로 준비한다. 스스로 할 수 있는 친구는 직접 하게 한다.

성경 본문

사도행전 2장 1-4절

1. 오순절 날이 이미 이르매 그들이 다같이 한 곳에 모였더니
2. 홀연히 하늘로부터 급하고 강한 바람 같은 소리가 있어 그들이 앉은 온 집에 가득하며
3. 마치 불의 혀처럼 갈라지는 것들이 그들에게 보여 각 사람 위에 하나씩 임하여 있더니
4. 그들이 다 성령의 충만함을 받고 성령이 말하게 하심을 따라 다른 언어들로 말하기를 시작하니라

사도행전 2장 16-21절

16. 이는 곧 선지자 요엘을 통하여 말씀하신 것이니 일렀으되
17. 하나님이 말씀하시기를 말세에 내가 내 영을 모든 육체에 부어 주리니 너희의 자녀들은 예언할 것이요 너희의 젊은이들은 환상을 보고 너희의 늙은이들은 꿈을 꾸리라
18. 그 때에 내가 내 영을 내 남종과 여종들에게 부어 주리니 그들이 예언할 것이요
19. 또 내가 위로 하늘에서는 기사를 아래로 땅에서는 징조를 베풀리니 곧 피와 불과 연기로다
20. 주의 크고 영화로운 날이 이르기 전에 해가 변하여 어두워지고 달이 변하여 피가 되리라
21. 누구든지 주의 이름을 부르는 자는 구원을 받으리라 하였느니라

우리는 죽어가기도 하고 살아가기도 합니다. 언젠가 육체의 숨이 멈추겠지만 영혼의 숨은 죽음 이후에도 이어집니다. 죽음을 이기고 부활한 예수 그리스도처럼 우리도 하늘에 속한 자의 형상으로 다시 일어섭니다. 영원히 튼튼한 몸과 마음으로 더불어 샬롬을 누리며 나눕니다. 믿음은 바라는 것의 실상이며 보이지 않는 것의 증거입니다(히11:1). 그래서 부활은 먼 미래의 일이 아닙니다. 지금 여기 우리 일상에 닿은 (아슬아슬한) 소망입니다. 예수 그리스도가 승천하자 제자들은 오순절 마가 다락방에 모여 성령을 기다립니다. 하늘로부터 급하고 강한 바람 같은 소리가 들립니다. 불의 혀 같은 것이 각 사람에게 임합니다. 모두 성령으로 충만해집니다. 여러 언어로 하나님의 큰일을 이야기합니다(행2:11). 이는 '누구든지 주의 이름을 부르는 자를 구원하는 능력과 은혜(행2:21)'입니다. 성령의 바람은 오늘도 여호와 하나님의 자녀이자 언약 백성을 향해 붑니다. 부활의 날까지 절대 멈추지 않습니다. 마음과 뜻과 힘을 다해 하나님을 예배하고 말씀을 체험합니다.

20

성령의 바람아 불어라

사도행전

2장 1-4절
2장 16-21절

7 백업(막대기)에 빨간 물감을 묻힌 후 흰색 손바닥 중앙에 찍는다. 빨간 물감으로 못 자국을 표현한다. 빨간색은 우리의 죄와 욕심을 용서하기 위해 흘린 예수 그리스도의 피를 의미한다고 이야기한다.

8 손을 깨끗이 닦는다. 검은색 종이 여백에 형광펜으로 "○○야 다 용서한다! 다시 시작하자!", "○○야 다 이루었다! 다시 시작하자!"라고 적는다.

9 예배실 뒤에 붙인 후 사진을 찍어 소중히 기억한다.

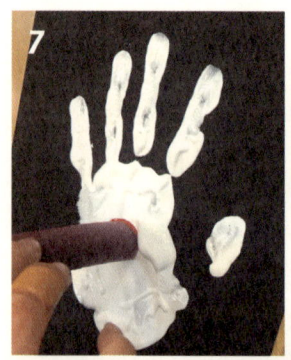
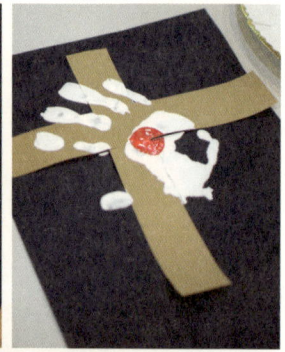

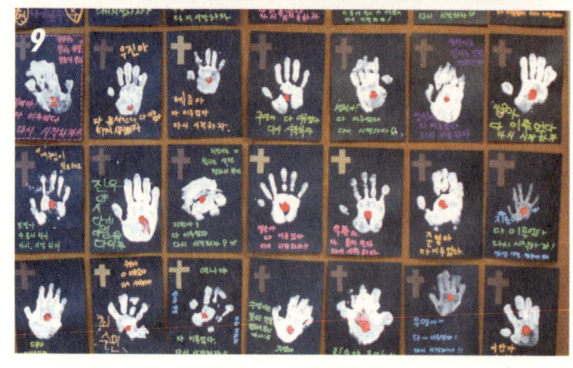

♪ 어울리는 찬양 | 예수님 제가 예수님 앞에
_ LJU 작은 예수의 모임

진행하기

3 필요한 재료를 나누어 준다.

4 검은색 종이에 크래프트 종이를 십자가 모양으로 붙인다. 검은색은 우리의 죄와 욕심을 의미한다고 이야기한다. 십자가는 죄와 욕심을 용서하기 위한 하나님의 은혜라고 이야기한다.

5 흰색 물감을 담은 접시에 손을 담가 물감이 손바닥 전체에 충분히 묻게 한다. 흰색은 죄와 욕심을 용서받은 우리의 마음이라고 이야기한다.

6 크래프트 종이를 붙인 검은색 종이에 손바닥 도장을 찍는다. 꾹 눌러야 손금까지 잘 찍힌다.

· 상황에 따라 십자가를 표현하지 않아도 된다.

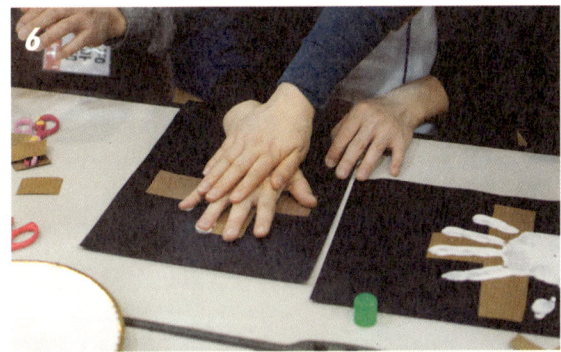

더 생각하기: 손바닥 전체에 물감을 묻히는 활동 중 손에 물감이 묻는 것을 싫어하는 친구가 있다면, 비닐장갑을 낀 후 그 위에 다시 면장갑이나 목장갑을 착용하면 손에 물감을 묻히지 않고 손바닥 찍기를 할 수 있습니다. 손바닥 중앙 부위에 못 자국을 표현할 때 구멍을 내어 종이가 자연스럽게 찢어지게 하고 아랫부분에 빨간색 종이를 덧대면 못에 찢긴 손바닥을 표현할 수 있습니다.

말씀체험

다 이루었으니
다시 시작하자

예수 그리스도는 십자가에서 죽어가며 "다 이루었다(요19:30)"고 고백합니다. 죄와 욕심을 용서받는 것에서 멈춰서는 안 됩니다. 그의 다 이룸은 새롭고도 영원한 시작을 의미합니다. 샬롬을 바라며 날마다 다시 시작하는 삶입니다. 우리의 죄와 욕심을 상징하는 검은색 종이에 크래프트 종이로 십자가를 표현합니다. 예수 그리스도의 못 박힌 손을 생각하며 손바닥 도장을 찍고 그곳에 못 자국을 내는 말씀체험입니다.

준비물

A4 검은색 종이
크래프트 종이
종이 접시
백업(막대기)
아크릴 물감(빨간색)
수채화 물감(흰색)
형광펜
풀

미리 준비하기

1 손바닥 도장에 못 자국을 표현하도록 백업(막대기)을 준비한다. 조 숫자만큼 빨간색, 흰색 물감을 종이 접시에 담아놓는다.

2 크래프트 종이로 십자가를 표현하도록 두 가지 크기로 잘라놓는다(길게, 짧게). 친구 인원만큼 준비한다.

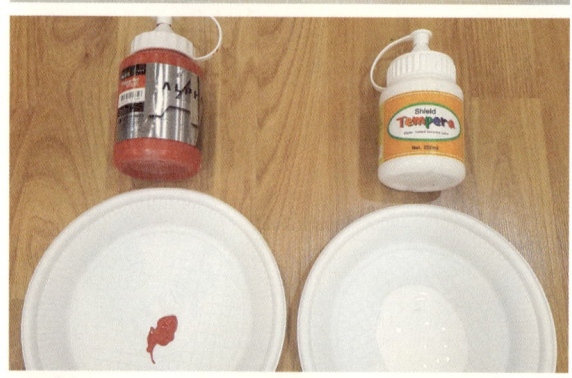

성경 본문

요한복음 19장 28-37절

28. 그 후에 예수께서 모든 일이 이미 이루어진 줄 아시고 성경을 응하게 하려 하사 이르시되 내가 목마르다 하시니
29. 거기 신 포도주가 가득히 담긴 그릇이 있는지라 사람들이 신 포도주를 적신 해면을 우슬초에 매어 예수의 입에 대니
30. 예수께서 신 포도주를 받으신 후에 이르시되 다 이루었다 하시고 머리를 숙이니 영혼이 떠나가시니라
31. 이 날은 준비일이라 유대인들은 그 안식일이 큰 날이므로 그 안식일에 시체들을 십자가에 두지 아니하려 하여 빌라도에게 그들의 다리를 꺾어 시체를 치워 달라 하니
32. 군인들이 가서 예수와 함께 못 박힌 첫째 사람과 또 그 다른 사람의 다리를 꺾고
33. 예수께 이르러서는 이미 죽으신 것을 보고 다리를 꺾지 아니하고
34. 그 중 한 군인이 창으로 옆구리를 찌르니 곧 피와 물이 나오더라
35. 이를 본 자가 증언하였으니 그 증언이 참이라 그가 자기의 말하는 것이 참인 줄 알고 너희로 믿게 하려 함이니라
36. 이 일이 일어난 것은 그 뼈가 하나도 꺾이지 아니하리라 한 성경을 응하게 하려 함이라
37. 또 다른 성경에 그들이 그 찌른 자를 보리라 하였느니라

여호와 하나님의 약속은 그리스도 안에서 예가 됩니다. 우리는 그로 인해 아멘하고 그분에게 영광을 돌립니다(고후1:20). 처음에(창1:1)부터 아멘(계22:21)까지 이어지는 그분의 약속은 구원입니다. 어둠에서 빛으로, 거짓에서 참으로, 죽음에서 생명으로, 불의에서 정의로, 차별에서 사랑으로, 욕심에서 나눔으로, 죄악에서 은혜로, 원망에서 용서로, 다툼에서 샬롬으로의 구원입니다. 예수는 그리스도로 여호와의 구원을 이루고자 이 땅에 왔습니다. 영원한 화목제물이 되어 구원을 이루기 위함입니다. 십자가에서 죽어가며 "다 이루었다(요19:30)"고 합니다. 이는 빛과 참과 생명과 정의와 사랑과 나눔과 은혜와 용서와 샬롬을 향한 새롭고도 영원한 시작입니다. "다 이루었으니 다시 시작하자"라는 예수 그리스도의 바람을 기억합니다. 마음과 뜻과 힘을 다해 하나님을 예배하고, 말씀을 체험합니다.

19

다 이루었으니 다시 시작하자

요한복음
19장 28-37절

4 조장교사가 같은 조에 속한 한 사람 한 사람에게 빵을 떼어준다. 이때 그는 "이 빵은 우리 친구, 예수님의 몸", "이 빵은 우리 친구, 예수님의 사랑", "우리도 친구하자"라고 이야기한다.
· 빵을 다 받을 때까지 기다린다.
· 짝을 지어 같은 이야기를 하며 먹는다.

5 빵은 조장이 떼어주고 잔은 짝을 이루어 서로 따라준다. "이 잔은 우리 친구, 예수님의 피", "이 잔은 우리 친구, 예수님의 사랑", "우리도 친구하자"라고 이야기하며 따라준다.
· 빵을 먹었던 짝끼리 같이 마신다.

6 '언약식(애찬식)'을 진행한 후 "예수님과 우리가 참된 친구가 되어 참된 우정을 나누자"고 이야기한다. 서로에게 고마운 마음을 전하고 사진을 찍어 소중히 기억한다.

어울리는 찬양 ♪♬
날 위해 생명을 주신
_ 국제윙윙스쿨

진행하기

2 세족식의 기억이 남아 있을 때 애찬식을 진행한다. 두 가지로 함께 기억하는 것이 좋다. 예배 중에 애찬식을 진행한다. 예배실 앞 테이블에 덩어리 빵과 포도음료와 투명컵을 준비한다. 테이블보로 덮는다.
· 애찬식은 예배 중이나 후에 진행한다.

3 예배 중에 설교자가 '언약식(애찬식)'의 의미를 전한다. 조장이 앞으로 나와 덩어리 빵과 포도음료와 투명컵을 받아간다.
· 조장교사는 미리 손을 닦는다(필요에 따라 위생장갑을 사용한다).

더 생각하기

음식을 먹는 활동 전에는 손을 깨끗이 씻도록 지도합니다. 물로 씻기 어려우면 물티슈로 손을 닦습니다. 빵이나 포도주스에 알레르기 반응이 없는지 미리 확인해, 만약 먹지 못하면 대체 식품을 준비합니다. 친구의 섭식 능력에 알맞은 크기로 빵을 떼어주어 빵을 씹고, 삼키는 데 어려움이 없도록 합니다. 주스를 마시는 잔은 친구의 운동 및 섭식 능력에 따라 적합한 잔(양손잡이 컵, 스파우트 컵, 빨대 컵 등)을 준비합니다.

말씀 체험

발 닦아준 손으로 빵 떼어주자

예수 그리스도는 십자가로 향하기 전에 제자들과 유월절 식사를 함께했습니다. 그가 나누었던 빵은 십자가에서 찢길 몸을, 잔은 십자가에서 흘릴 피를 의미합니다. 영원한 화목제물이 되어 우리 대신 죽는 것입니다. 무척 죄송한 용서입니다. 그만큼 감사한 은혜입니다. 십자가의 의미를 생각하며 포도음료와 빵을 나누어 먹는 말씀체험입니다. 성찬식이 아닌 애찬식입니다.

준비물

포도음료
작은 투명컵
덩어리 빵

미리 준비하기

1 포도음료는 농도가 진한 것으로 준비한다. 컵은 종이컵이 아닌 플라스틱 투명컵으로 준비한다. 투명컵은 깨끗이 씻어 재활용한다. 빵은 함께 뜯어 먹을 수 있도록 덩어리로 준비한다.

· 개수가 많은 경우 미리 예약해야 한다.

성경 본문

누가복음 22장 13-22절

13. 그들이 나가 그 하신 말씀대로 만나 유월절을 준비하니라
14. 때가 이르매 예수께서 사도들과 함께 앉으사
15. 이르시되 내가 고난을 받기 전에 너희와 함께 이 유월절 먹기를 원하고 원하였노라
16. 내가 너희에게 이르노니 이 유월절이 하나님의 나라에서 이루기까지 다시 먹지 아니하리라 하시고
17. 이에 잔을 받으사 감사 기도 하시고 이르시되 이것을 갖다가 너희끼리 나누라
18. 내가 너희에게 이르노니 내가 이제부터 하나님의 나라가 임할 때까지 포도나무에서 난 것을 다시 마시지 아니하리라 하시고
19. 또 떡을 가져 감사 기도 하시고 떼어 그들에게 주시며 이르시되 이것은 너희를 위하여 주는 내 몸이라 너희가 이를 행하여 나를 기념하라 하시고
20. 저녁 먹은 후에 잔도 그와 같이 하여 이르시되 이 잔은 내 피로 세우는 새 언약이니 곧 너희를 위하여 붓는 것이라
21. 그러나 보라 나를 파는 자의 손이 나와 함께 상 위에 있도다
22. 인자는 이미 작정된 대로 가거니와 그를 파는 그 사람에게는 화가 있으리로다 하시니

여호와 하나님은 사람이 자기의 친구와 이야기함 같이 모세와 대면하여 이야기했습니다(출33:11). 그분은 아브라함의 자손을 '나의 벗'이라고 불렀습니다(사41:8). 예수 그리스도는 친구를 위해 목숨을 버리는 사랑보다 더한 사랑은 없다고 했습니다(요15:13). 그는 자기 사람을 사랑하되 끝까지 사랑합니다. 십자가로 향하기 전에 제자들의 발을 정성껏 닦아주었습니다. 발 닦아준 손으로 빵을 떼어주었습니다. 세족식과 애찬식이 이루어진 시공간은 같습니다. 유월절 식사 때 나눈 빵은 '언약백성의 죄와 욕심과 두려움을 짊어지고 십자가에서 찢기는 살'이며, 나눈 잔은 '언약백성을 위해 흘리는 피'입니다. 예수가 영원한 화목제물이 되어주었기에, 하나님과 우리의 관계도 영원히 회복되었습니다. 예수는 영원한 우정을 제자들과 우리에게 보여주었습니다. 참된 친구는 '발 닦아준 손으로 빵 떼어주는 우정'을 누리고 나눕니다. 참된 우정에 감사하면 좋겠습니다. 마음과 뜻과 힘을 다해 하나님을 예배하고, 말씀을 체험합니다.

18

발 닦아준 손으로 빵 떼어주자

누가복음
22장 13-22절

4 세족식을 마친 후 수건으로 물기를 닦는다. 친구에게 핸드크림(또는 풋크림)을 듬뿍 바르고 발 마사지하듯 주무른다. 주무르는 내내 고단하고 지치기 쉬운 친구를 위해 기도한다.

· 세족식을 물로 진행하기 어렵다면 물티슈를 사용한다. 물티슈로 발을 정성껏 닦은 후 핸드크림(또는 풋크림)을 듬뿍 바른다. 시간이 오래 걸리지 않기에 발 마사지를 충분히 할 수 있다. 상황에 따라 친구가 교사의 발을 물티슈로 닦는다.

5 발을 닦아준 교사와 함께 사진을 찍어 소중히 기억한다. 친구의 깨끗한 발을 모아놓고 사진을 찍어도 좋다.

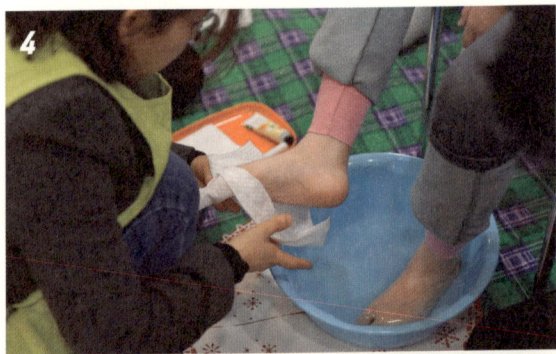

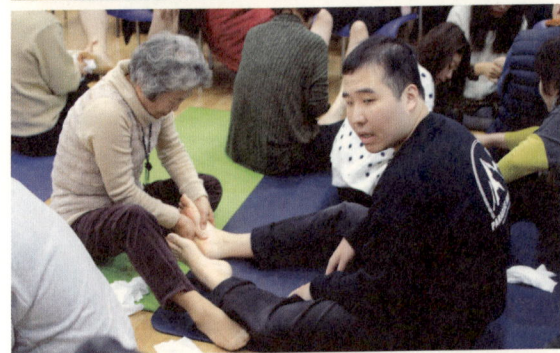
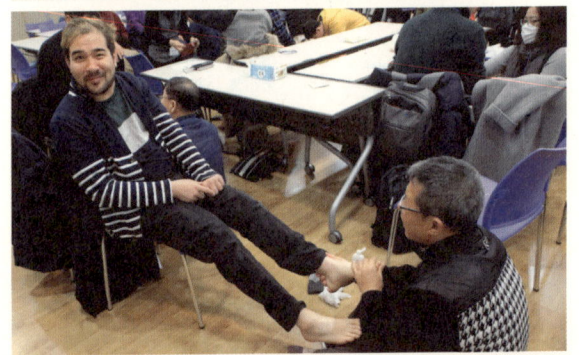

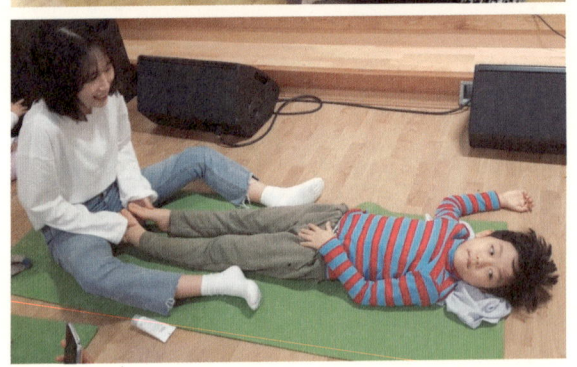

어울리는 찬양 ♪♬

이 시간 너의 맘 속에
_ 김수지

3 예수 그리스도가 우리 한 사람 한 사람을 끝까지 사랑한다고, 우리 죄와 욕심과 두려움을 십자가의 피로 씻겨주었다고 이야기한다.
  · 예수 그리스도도 제자들을 애틋하게 바라봤을 것이다.

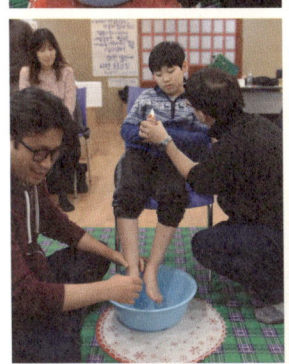

더 생각하기 { 양말을 벗기 싫어하거나 발 닦는 걸 싫어하는 친구는 발을 주물러 주거나 손을 씻는 활동으로 대체할 수 있습니다. 세숫대야에 아로마 오일을 1~2방울 떨어뜨리거나 꽃잎 등을 띄워줘도 좋습니다. 세족식이 진행되는 동안 편안한 분위기를 느낄 수 있도록 잔잔한 찬양을 들려줍니다.

말씀체험

자기 사람을 끝까지 사랑하자

예수 그리스도의 제자는, 왜 그가 갑자기 발을 닦아주는지 몰랐습니다. 랍비가 제자의 발을 닦아주는 경우는 없었습니다. 예수는 더럽고 냄새나는 발을 닦아주었습니다. 그들을 얼마나 사랑하는지, 십자가의 피로 죄와 욕심과 두려움을 어떻게 닦아줄지를 보여주었습니다. 서로의 지치고 고단한 발을 정성껏 닦아주고 주물러주는, 끝까지 사랑하는 마음을 전하는 말씀체험입니다.

준비물

러그
세숫대야
양동이(물을 담아두는 용도)
핸드크림(또는 풋크림)
수건
따뜻한 물

미리 준비하기

1 세족식을 시작하기 전에 조에 속한 교사와 친구가 동그랗게 모여 앉는다. 가운데에 러그와 의자와 세숫대야를 놓는다. 세숫대야에 따뜻한 물을 담는다.
- 큰 양동이를 두 개 준비한다. 하나는 깨끗한 물을 담고, 하나는 버릴 물을 담는다.

진행하기

2 친구 한 명 한 명이 순서대로 앉는다. 의자에 앉은 친구의 발을 담당교사가 정성껏 닦는다.
- 담당교사는 발을 닦으면서 친구와 눈을 자주 마주친다.

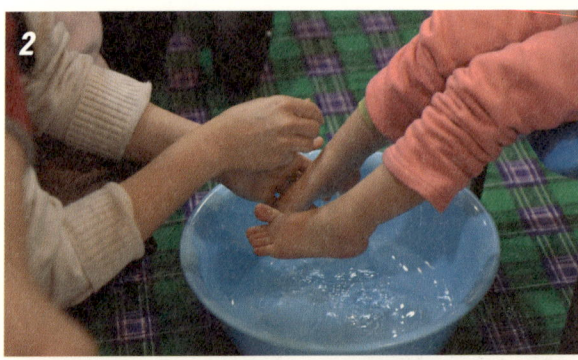

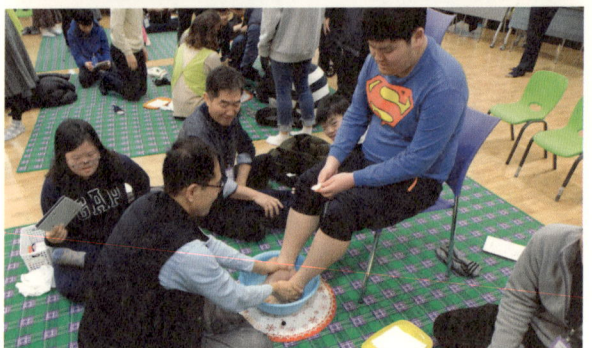

요한복음 13장 1-10절

1. 유월절 전에 예수께서 자기가 세상을 떠나 아버지께로 돌아가실 때가 이른 줄 아시고 세상에 있는 자기 사람들을 사랑하시되 끝까지 사랑하시니라
2. 마귀가 벌써 시몬의 아들 가룟 유다의 마음에 예수를 팔려는 생각을 넣었더라
3. 저녁 먹는 중 예수는 아버지께서 모든 것을 자기 손에 맡기신 것과 또 자기가 하나님께로부터 오셨다가 하나님께로 돌아가실 것을 아시고
4. 저녁 잡수시던 자리에서 일어나 겉옷을 벗고 수건을 가져다가 허리에 두르시고
5. 이에 대야에 물을 떠서 제자들의 발을 씻으시고 그 두르신 수건으로 닦기를 시작하여
6. 시몬 베드로에게 이르시니 베드로가 이르되 주여 주께서 내 발을 씻으시나이까
7. 예수께서 대답하여 이르시되 내가 하는 것을 네가 지금은 알지 못하나 이 후에는 알리라
8. 베드로가 이르되 내 발을 절대로 씻지 못하시리이다 예수께서 대답하시되 내가 너를 씻어 주지 아니하면 네가 나와 상관이 없느니라
9. 시몬 베드로가 이르되 주여 내 발뿐 아니라 손과 머리도 씻어 주옵소서
10. 예수께서 이르시되 이미 목욕한 자는 발밖에 씻을 필요가 없느니라 온 몸이 깨끗하니라 너희가 깨끗하나 다는 아니니라 하시니

사도 바울은 여호와 하나님이 우리에게 주신 하늘의 모든 복을 '창세 전 그리스도 안에서 우리를 택한 은혜'라고 했습니다(엡1:3-6). 그리스도는 '(여호와의 구원을 이루고자) 기름 부음 받은 구원자'라는 의미입니다. 예수는 '여호와의 구원'이라는 의미입니다. 나사렛 예수는 그리스도로서 늘 십자가를 바라봤습니다. 그곳으로 가는 길은 외롭고 슬프고 아픕니다. 그러나 더없이 고맙고 든든합니다. 그는 자기 사람(언약백성)의 죄를 짊어지고 십자가에서 영원한 화목제물이 됩니다. 하나님은 예수 그리스도의 죽음을 통해 언약백성을 영원히 용서하고 새롭고도 영원한 생명과 샬롬을 전합니다. 이제 예수는 그리스도로서 십자가를 향해 발을 떼려고 합니다. 남겨진 자기 사람을 생각하니 걱정이 앞섭니다. 그는 무릎을 꿇고 제자들의 더럽고 냄새나는, 지치고 고단한 발을 닦습니다. 앞으로 십자가에서 무슨 일을 할지 예고라도 하듯, 자기 사람을 향한 예수 그리스도의 사랑을 기억하길 바랍니다. 마음과 뜻과 힘을 다해 하나님을 예배하고, 말씀을 체험합니다.

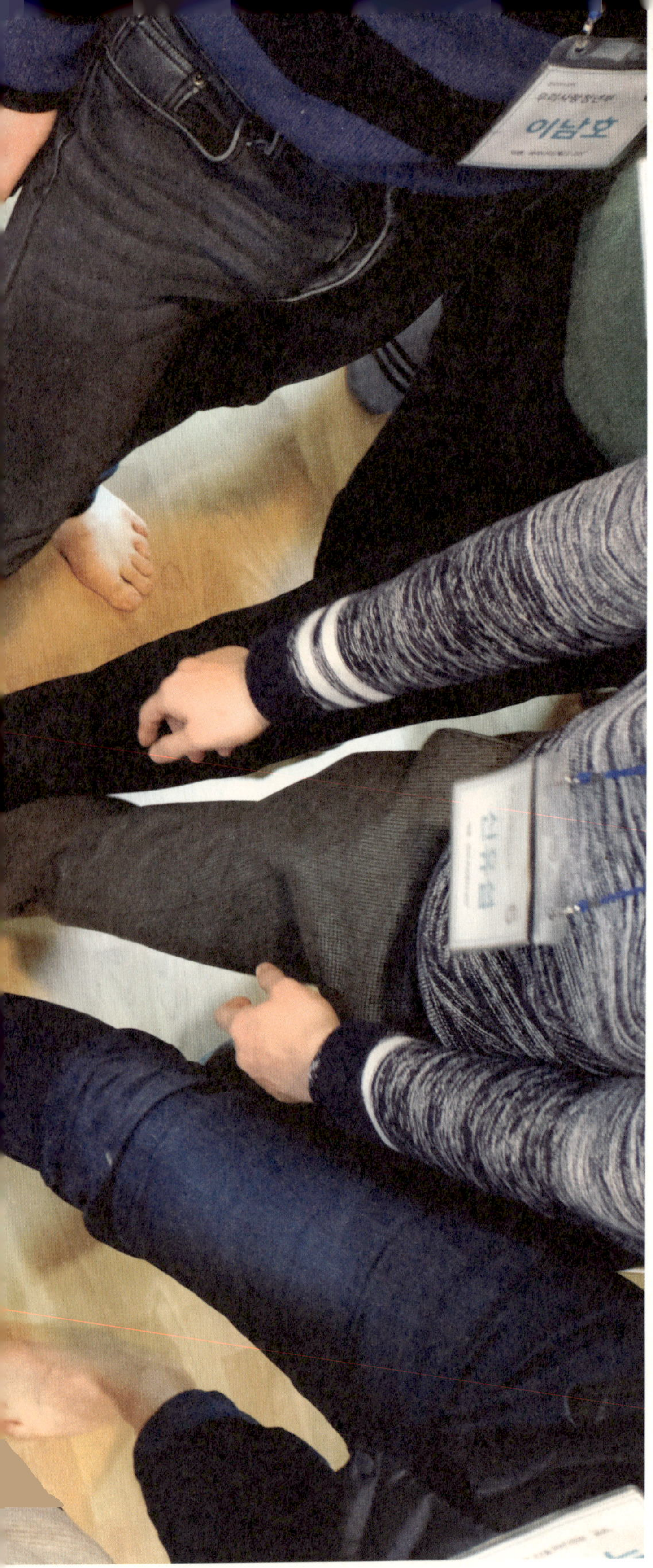

17

자기 사람을 끝까지 사랑하자

요한복음
13장 1-10절

5 종려나무 가지를 들고 흔들며 '호산나 높은 곳에서' 찬양을 부른다.

6 필요와 상황에 따라 '어린 나귀 타고 오는 예수 그리스도'를 표현한다. 친구들과 교사가 종려나무 가지를 들고 예배실 중앙에 모인 후 가운데 길을 낸다. 유대인 복장을 한 교사가 바퀴 달린 어린 나귀 장난감을 타고 나타난다. 가운데 길로 천천히 지나간다. 모두 종려나무 가지를 들고 '호산나 높은 곳에서' 찬양을 천천히 부른다. 다시 돌아서 지나갈 때 예수 그리스도 앞에 종려나무 가지를 내려놓는다.

7 종려나무 가지를 들고 사진을 찍어 소중히 기억한다.

| 어울리는 찬양 ♪ | 호산나 _마커스워십 |

2 앞쪽 색지 손바닥에 "호산나(여호와의 구원)! 낮은 곳에서!"를 적는다.
   · 예수를 그리스도로 고백하며 정성껏 표현한다.

3 가지에 "예수(여호와의 구원)! ○○의 왕!"이라고 적는다.
   · 직사각형으로 길게 자른 갈색 종이는 종려나무 가지를 의미한다.

4 종려나무 잎을 종려나무 가지에 붙인다.

더 생각하기

손바닥을 그릴 때, 먼저 손을 대고 그릴 손의 굴곡을 따라 만지며 형태를 파악합니다. 그 후에 뚜껑 닫힌 네임펜을 쥐고 따라 그립니다. 마지막으로 네임펜의 뚜껑을 열고 손을 따라 그립니다. 이렇게 단계별로 제시하면 손 따라 그리기를 이해하는 데 도움이 되며, 활동에 대한 거부도 줄일 수 있습니다. 나귀 장난감을 구하기 어려우면 나귀 얼굴 가면을 만들어 낮은 자세로 걸어가며 활동해도 좋습니다. 종려나무 가지를 들고 흔들기 전 다른 친구의 얼굴을 향해 흔드는 등 위험한 장난을 치지 않도록 미리 주의하라고 지도합니다.

말씀체험

호산나 찬송하리로다

예수가 예루살렘에 입성할 때 종려나무 가지를 들고나온 사람을 생각합니다. 예수를 그리스도로 고백하고자 종려나무 가지를 정성껏 준비해서 나왔습니다. 구원의 나무를 흔들며 구원의 왕을 찬양합니다. 얼마나 기쁘고 반갑고 행복했을까요. 마치 오늘이 그날인 것처럼 종려나무 가지를 정성껏 만듭니다. 가지를 높이 흔들며 예수를 그리스도로 높이 찬양하는 말씀체험입니다.

준비물

갈색 두꺼운 종이
초록색 계열 색지
네임펜
풀
가위
유대인 의복
바퀴 달린 어린 나귀 장난감

진행하기

1. 색지에 친구 손바닥을 대고 그린다. 교사가 가위로 자른다. 다양한 색지를 사용해서 3-4개 정도 만든다. 종려나무 잎 3-4개를 서로 겹치게 붙인다.
   · 색지 손바닥은 종려나무 잎을 의미한다.

요한복음 12장 9-18절

9. 유대인의 큰 무리가 예수께서 여기 계신 줄을 알고 오니 이는 예수만 보기 위함이 아니요 죽은 자 가운데서 살리신 나사로도 보려 함이라
10. 대제사장들이 나사로까지 죽이려고 모의하니
11. 나사로 때문에 많은 유대인이 가서 예수를 믿음이러라
12. 그 이튿날에는 명절에 온 큰 무리가 예수께서 예루살렘으로 오신다는 것을 듣고
13. 종려나무 가지를 가지고 맞으러 나가 외치되 호산나 찬송하리로다 주의 이름으로 오시는 이 곧 이스라엘의 왕이시여 하더라
14. 예수는 한 어린 나귀를 보고 타시니
15. 이는 기록된 바 시온 딸아 두려워하지 말라 보라 너의 왕이 나귀 새끼를 타고 오신다 함과 같더라
16. 제자들은 처음에 이 일을 깨닫지 못하였다가 예수께서 영광을 얻으신 후에야 이것이 예수께 대하여 기록된 것임과 사람들이 예수께 이같이 한 것임이 생각났더라
17. 나사로를 무덤에서 불러내어 죽은 자 가운데서 살리실 때에 함께 있던 무리가 증언한지라
18. 이에 무리가 예수를 맞음은 이 표적 행하심을 들었음이러라

유대인은 여호와 하나님을 찬양하거나 그분을 향해 기도할 때 '호산나'라고 합니다. 이는 "여호와여 구원하소서"라는 의미입니다. 예수의 뜻은 호산나와 같은 '여호와의 구원'입니다. 그리스도의 뜻은 '(여호와의 구원을 영원히 이루고자) 기름 부음 받은 자(구원자)'입니다. 예수가 십자가를 지기 전 예루살렘으로 입성할 때 모습은 우스웠습니다. 성인이 어린 나귀를 타고 있었기 때문입니다. 그를 그리스도로 믿는 자들이 종려나무 가지를 들고 나왔습니다. 종려나무는 이스라엘 백성에게 '광야에서 만난 구원의 나무'입니다. 그들이 종려나무 가지를 흔들며 그를 향해 외칩니다. "호산나 찬송하리로다 주의 이름으로 오시는 이 곧 이스라엘의 왕이시여(요 12:13)". 우리도 예수를 그리스도로 참되이 고백하길 바랍니다. 마음과 뜻과 힘을 다해 하나님을 예배하고, 말씀을 체험합니다.

16

호산나 찬송하리로다

요한복음
12장 9-18절

4 파우치를 완성한 후 선물을 담아 소중한 사람에게 전할 수 있다. 파우치 뒷면에 선물 받을 사람에게 응원하는 이야기를 쓴다.

5 패브릭 물감이 번지지 않도록 손이 닿지 않는 곳에 두고 잘 말린다.
- 파우치에 선물을 담아 소중한 사람에게 전하거나, 자신의 물건을 담아 사용할 수 있다.

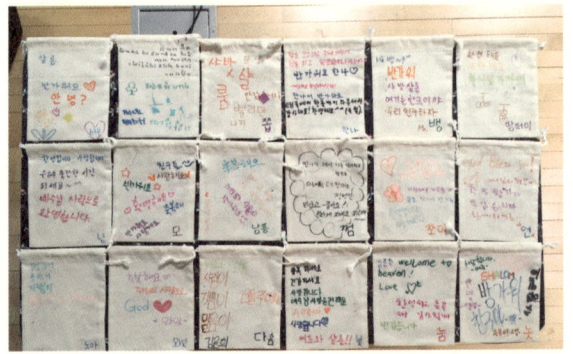

어울리는 찬양 ♪♬

나는 포도나무요
_ 러브키즈

진행하기

2 포도나무 가지와 잎을 그린 천 파우치와 접시에 담은 패브릭 물감을 나누어 준다.

3 포도송이를 표현한다. 손가락에 물감을 묻혀 나뭇가지 사이사이에 도장처럼 찍는다.

더 생각하기 { 파우치를 벨크로나 테이프로 책상 위에 고정해 움직이지 않도록 하면 친구가 더 쉽게 활동할 수 있습니다. 색칠하는 활동 대신 단추를 붙이거나 폼폼이 등 다양한 오브제를 붙여서 표현할 수도 있으니 친구의 특성과 선호도에 따라 다양한 재료를 준비합니다. 큰 포도나무를 미리 그리거나 만들어놓은 후 완성된 개인 작품을 큰 포도나무의 가지 부분에 포개어 전시하면 협동작품이 됩니다. 협동작품으로 만들어 전시한 후 다른 친구의 작품에 관심을 가지도록 지도해 감상활동을 할 수 있습니다.

> **말씀 체험**

나는 포도나무요
너희는 가지라

포도나무는 가지가 무척 약합니다. 그래서 나무에 꼭 붙어 있어야 합니다. 그래야 맛있는 포도송이를 알알이 맺을 수 있습니다. 천 파우치에 포도나무와 약한 가지를 그립니다. 손가락 도장으로 포도송이를 표현하는 말씀체험입니다.

준비물

천 파우치
패브릭 마카
패브릭 물감
접시
종이

미리 준비하기

1 천 파우치에 패브릭 마카를 이용해 가지와 잎을 그린다. 포도송이만 찍어 완성하도록 미리 준비한다.

· 패브릭 물감이 뒷면에 스며드는 것을 방지하고자 종이를 미리 끼운 후 그린다.

요한복음 15장 1-10절

1. 나는 참포도나무요 내 아버지는 농부라
2. 무릇 내게 붙어 있어 열매를 맺지 아니하는 가지는 아버지께서 그것을 제거해 버리시고 무릇 열매를 맺는 가지는 더 열매를 맺게 하려 하여 그것을 깨끗하게 하시느니라
3. 너희는 내가 일러준 말로 이미 깨끗하여졌으니
4. 내 안에 거하라 나도 너희 안에 거하리라 가지가 포도나무에 붙어 있지 아니하면 스스로 열매를 맺을 수 없음 같이 너희도 내 안에 있지 아니하면 그러하리라
5. 나는 포도나무요 너희는 가지라 그가 내 안에, 내가 그 안에 거하면 사람이 열매를 많이 맺나니 나를 떠나서는 너희가 아무 것도 할 수 없음이라
6. 사람이 내 안에 거하지 아니하면 가지처럼 밖에 버려져 마르나니 사람들이 그것을 모아다가 불에 던져 사르느니라
7. 너희가 내 안에 거하고 내 말이 너희 안에 거하면 무엇이든지 원하는 대로 구하라 그리하면 이루리라
8. 너희가 열매를 많이 맺으면 내 아버지께서 영광을 받으실 것이요 너희는 내 제자가 되리라
9. 아버지께서 나를 사랑하신 것 같이 나도 너희를 사랑하였으니 나의 사랑 안에 거하라
10. 내가 아버지의 계명을 지켜 그의 사랑 안에 거하는 것 같이 너희도 내 계명을 지키면 내 사랑 안에 거하리라

예수 그리스도는 자신과 제자들의 관계가 어떠한지, 자신이 어떤 존재인지 알려주고자 다양한 비유로 설명했습니다. 그래야 이해하기 쉽기 때문입니다. 과실나무 중에서 가지가 가장 약한 나무는 포도나무입니다. 가장 많은 열매를 맺는 나무도 포도나무입니다. 하나의 포도나무에 500여 포도송이가 맺힙니다. 가지가 약해서 수많은 포도송이를 지탱하기가 어렵습니다. 든든한 나무에 꼭 붙어 있어야 합니다. 가지끼리 서로 기대어야 합니다. 제자들도 포도나무 가지처럼 무척 약합니다. 예수 그리스도에게 붙어 있어야 살며 사랑하며 사역할 수 있습니다. 그렇지 않으면 버틸 수 없습니다. 그렇게 해야 '우리사랑과 더불어 샬롬'이라는 열매를 맺을 수 있습니다. 우리도 약하디약한 포도나무 가지처럼 서로 기대어 살길 바랍니다. 마음과 뜻과 힘을 다해 하나님을 예배하고, 말씀을 체험합니다.

15

나는 포도나무요 너희는 가지라

요한복음
15장 1-10절

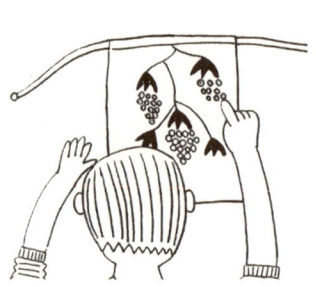

4 다섯 글자(익투스)를 안에 두고 물고기를 그린다. 물고기 여백에 이름을 적고 자유롭게 꾸민다.
  · 친구가 원하는 색과 모양의 물고기를 그린다.

5 자신의 신앙고백이 담긴 물고기 필통을 들고 사진을 찍어 소중히 기억한다.
  · 필통을 모아 사진을 찍으면 무척 아름답다.
  · 상황에 따라 패브릭 마카와 색연필로 칠한 부분을 다리미로 다려야 색이 번지지 않고 오래 간다.

| 어울리는 찬양 ♪♬ | 지존하신 주님 보좌 앞에 _복음성가 |

진행하기

2 글자가 뚫려있는 플라스틱틀이나 종이틀과 재료를 나누어 준다.

3 천 필통에 틀을 올리고 뚫려 있는 곳을 자유롭게 칠한다.
- 친구가 원하는 색으로 칠하게 한다.
- 하나의 색이 아닌 여러 가지 색으로 다섯 글자를 칠한다.
- 너무 강하게 칠하면 틀 안까지 칠할 수 있기에 힘을 조절한다.

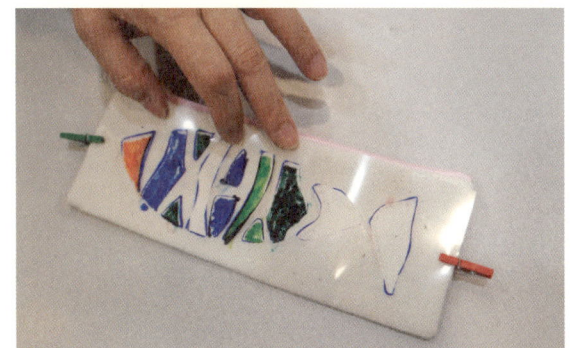

더 생각하기 { 필통 대신 에코백, 티셔츠, 손수건 등을 활용할 수 있으며, 패브릭 마카 대신 아크릴 물감, 염색 물감, 염색 색종이, 전사 용지로 찍어 내기 등 다른 방법으로 색칠하거나 그림을 표현할 수 있습니다. 색칠하며 색을 표현할 때는 연한 색에서 진한 색의 순서로 표현할 수 있도록 지도합니다.

📖 말씀체험

너희는 나를 누구라고 생각하니

로마 황제는 자신을 모든 신의 신으로 여겼습니다. 그래서 기독교를 박해했고, 기독교인은 지하 무덤(카타콤)으로 숨었습니다. 서로를 확인하고자 물고기를 그리고 익투스(예수, 그리스도, 살아있는, 하나님, 아들의 헬라어 첫음절 모음)를 썼습니다. 지하 무덤에 그려진 아름다운 물고기와 고운 글자를 정성껏 새기는 말씀체험입니다.

준비물

천 필통
패브릭 마카
패브릭 색연필
두꺼운 플라스틱이나 종이(익투스 글자틀)
칼

미리 준비하기

1 두꺼운 플라스틱이나 종이에 익투스 글자를 두껍게 쓰고 칼로 판다.

· $IXΘYΣ$(익투스)는 물고기라는 뜻의 헬라어다. 로마의 박해를 피해 카타콤(지하묘지)에 숨은 초대교회 성도의 신앙고백 표시다. 아래 다섯 단어의 머리 글자를 모았으며, '예수 그리스도는 하나님의 아들 구세주'라는 의미다.

$Iησουζ$ (예수스 = 예수)
$Χριστοζ$ (크리스토스 = 그리스도)
$Θεου$ (테우 = 하나님의)
$Υιοζ$ (휘오스 = 아들)
$Σωτηρ$ (소테르 = 구세주)

1

마태복음 16장 13-20절

13. 예수께서 빌립보 가이사랴 지방에 이르러 제자들에게 물어 이르시되 사람들이 인자를 누구라 하느냐
14. 이르되 더러는 세례 요한, 더러는 엘리야, 어떤 이는 예레미야나 선지자 중의 하나라 하나이다
15. 이르시되 너희는 나를 누구라 하느냐
16. 시몬 베드로가 대답하여 이르되 주는 그리스도시요 살아 계신 하나님의 아들이시니이다
17. 예수께서 대답하여 이르시되 바요나 시몬아 네가 복이 있도다 이를 네게 알게 한 이는 혈육이 아니요 하늘에 계신 내 아버지시니라
18. 또 내가 네게 이르노니 너는 베드로라 내가 이 반석 위에 내 교회를 세우리니 음부의 권세가 이기지 못하리라
19. 내가 천국 열쇠를 네게 주리니 네가 땅에서 무엇이든지 매면 하늘에서도 매일 것이요 네가 땅에서 무엇이든지 풀면 하늘에서도 풀리라 하시고
20. 이에 제자들에게 경고하사 자기가 그리스도인 것을 아무에게도 이르지 말라 하시니라

유대인은 오랜 시간 동안 그들을 구원할 하나님의 아들, 메시아를 기다렸습니다. 히브리어 메시아와 헬라어 그리스도는 같은 말입니다. 그리스도는 '(여호와의 구원을 이루고자) 기름 부음 받은 왕과 제사장과 선지자'를 의미합니다. 예수의 뜻은 '여호와의 구원'입니다. 예수는 그리스도여야 하고, 그리스도는 예수여야 합니다. 처음에(창1:1) 하나님이 가졌던 희망은 그리스도 예수를 통해 온전히, 완전히, 영원히 이루어집니다. 그는 제자들이 자신을 그리스도로 여기는지 알고 싶었습니다. 그래서 "사람들이 인자를 누구라 하느냐(마16:13)"라고 묻습니다. 베드로는 "주는 그리스도시요 살아계신 하나님의 아들이시니이다(마16:16)"라고 답합니다. 이 고백 위에 하나님의 교회가 세워지고 음부의 권세가 이기지 못합니다(마16:18). 예수는 언제나 어디서나 그리스도로, 교회의 머리로 우리와 함께합니다. 마음과 뜻과 힘을 다해 하나님을 예배하고, 말씀을 체험합니다.

14

너희는 나를 누구라고 생각하니

마태복음

16장 13-20절

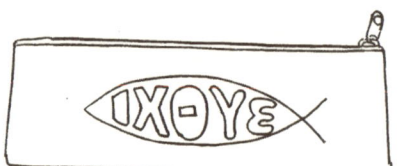

4 예수 그리스도가 있는 집을 의미하는 매트나 에어베드 위에 친구를 안전하게 내려놓는다. 누운 채로 잠시 쉰다. 네 명의 친구와 교사가 친구 하나를 일으켜 세운다. 이때 "○○야! 함께 울고 함께 웃자", "○○야! 우리 함께하자", "○○야! 우리가 사랑한다"고 이야기한다.

5 친구와 교사가 함께 사진을 찍어 소중히 기억한다.

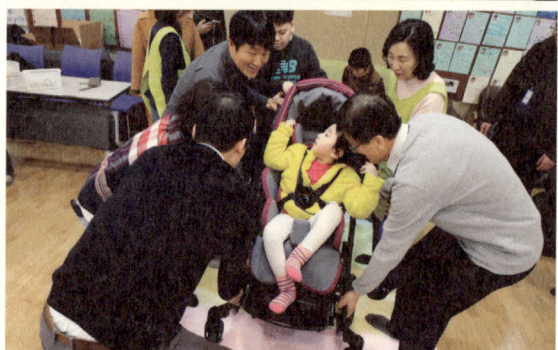
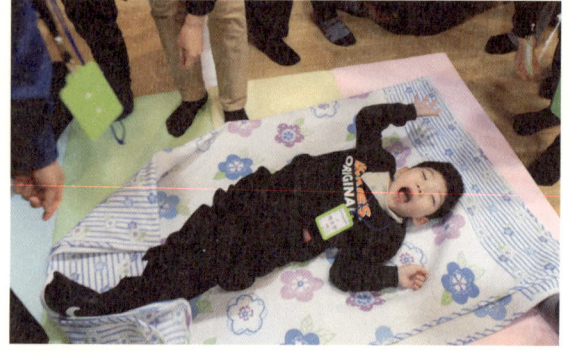
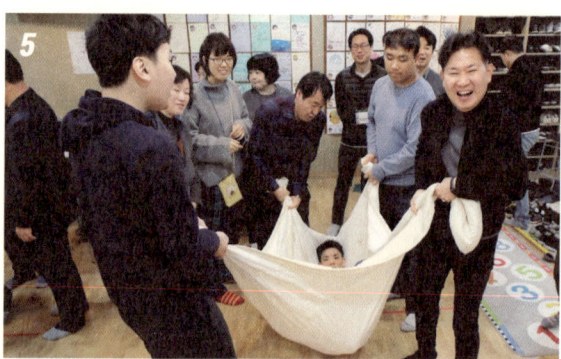

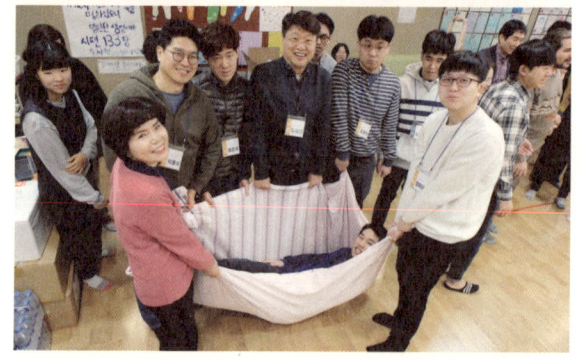

어울리는 찬양 ♪♬

예수님 안에서 우리는 하나
_파이디온선교회

3 친구 한 명을 들것이나 이불에 눕힌다. 네 명의 친구와 교사가 들것이나 이불의 네 모퉁이를 꽉 잡는다. 예수 그리스도가 있는 집으로 천천히 옮긴다. 이때 "○○를 예수 그리스도에게", "○○의 슬픔과 아픔을 예수 그리스도에게"라고 한마음으로 외친다.
- 안전에 유의하며 교사가 반드시 함께한다.
- 들것이나 이불에 눕힌 친구의 표정을 보면서 진행한다.

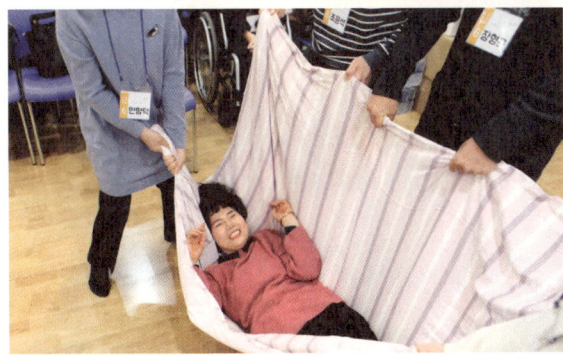
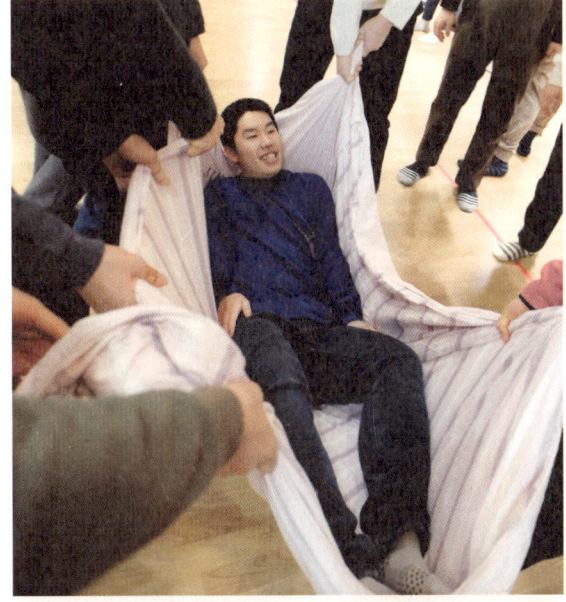

더 생각하기 { 안전을 위해 이불을 들고 가는 길을 따라 바닥에 푹신한 매트를 깔아 둡니다. 친구의 장애 정도와 유형에 따라 가장 편한 자세를 유지한 상태에서 활동을 진행합니다. 이불 위에 누워서 이동할 때 움직임에 놀라지 않도록 이동을 시작할 때 친구에게 시작 신호를 줍니다. 누워서 해야 하는 활동이니 치마는 피하고 신축성이 있는 편한 옷 등 활동에 적합한 복장으로 올 수 있도록 사전에 가정에 전달합니다.

말씀 체험

친구 넷이
친구 하나 데리고

친구(親舊)는 '가깝게 오래 사귄 사람'이라는 뜻입니다. 오랫동안 가깝게 지내다 보면 서로의 아픔과 기쁨을 공유합니다. '함께 울고 함께 웃는 사이'가 됩니다. 몸이 아픈 친구 하나를 친구 넷이 예수 그리스도에게 데려갔던 것을 기억합니다. 친구를 이불에 눕히고 그의 아픔을 짊어지고 예수 그리스도에게 가는 말씀체험입니다.

준비물

이불
들것(대여할 수 있다면)
매트
에어베드

진행하기

1 조별로 들것이나 이불을 나누어 준다.

2 조에 속한 친구와 교사가 '요즘 힘들거나 아프거나 슬픈 일'이 있는지 이야기한다. '토닥토닥'이라는 소리를 내며 서로의 등과 어깨 등을 토닥인다.

1

2

요한복음 15장 11-15절

11. 내가 이것을 너희에게 이름은 내 기쁨이 너희 안에 있어 너희 기쁨을 충만하게 하려 함이라
12. 내 계명은 곧 내가 너희를 사랑한 것 같이 너희도 서로 사랑하라 하는 이것이니라
13. 사람이 친구를 위하여 자기 목숨을 버리면 이보다 더 큰 사랑이 없나니
14. 너희는 내가 명하는 대로 행하면 곧 나의 친구라
15. 이제부터는 너희를 종이라 하지 아니하리니 종은 주인이 하는 것을 알지 못함이라 너희를 친구라 하였노니 내가 내 아버지께 들은 것을 다 너희에게 알게 하였음이라

마가복음 2장 1-5절

1. 수 일 후에 예수께서 다시 가버나움에 들어가시니 집에 계시다는 소문이 들린지라
2. 많은 사람이 모여서 문 앞까지도 들어설 자리가 없게 되었는데 예수께서 그들에게 도를 말씀하시더니
3. 사람들이 한 중풍병자를 네 사람에게 메워 가지고 예수께로 올새
4. 무리들 때문에 예수께 데려갈 수 없으므로 그 계신 곳의 지붕을 뜯어 구멍을 내고 중풍병자가 누운 상을 달아 내리니
5. 예수께서 그들의 믿음을 보시고 중풍병자에게 이르시되 작은 자야 네 죄 사함을 받았느니라 하시니

예수 그리스도는 "사람이 친구를 위하여 자기 목숨을 버리면 이보다 더 큰 사랑이 없나니 너희는 내가 명하는 대로 행하면 곧 나의 친구라 이제부터는 너희를 종이라 하지 아니하리니(요15:13-15)"라고 합니다. 야고보는 "이에 성경에 이른 바 아브라함이 하나님을 믿으니 이것을 의로 여기셨다는 말씀이 이루어졌고 그는 하나님의 벗이라 칭함을 받았나니(약2:23)"라고 합니다. 몸이 불편한 친구 하나를 친구 넷이 예수에게 데리고 나옵니다. 집에 사람이 너무 많아서 못 들어가자 지붕으로 올라갑니다. 지붕을 뜯어 몸이 불편한 친구를 그분에게 내립니다. 그들의 간절한 우정이 예수에게 닿습니다. 예수는 그들의 믿음을 보고 몸이 불편한 친구에게 "작은 자야 네 죄 사함을 받았느니라(막2:5)"며 "일어나 네 상을 가지고 집으로 가라(막2:11)"고 합니다. 우리 한 사람 한 사람이 참된 우정을 나누는 친구이길, 하나님과도 그러하길 바랍니다. 마음과 뜻과 힘을 다해 하나님을 예배하고, 말씀을 체험합니다.

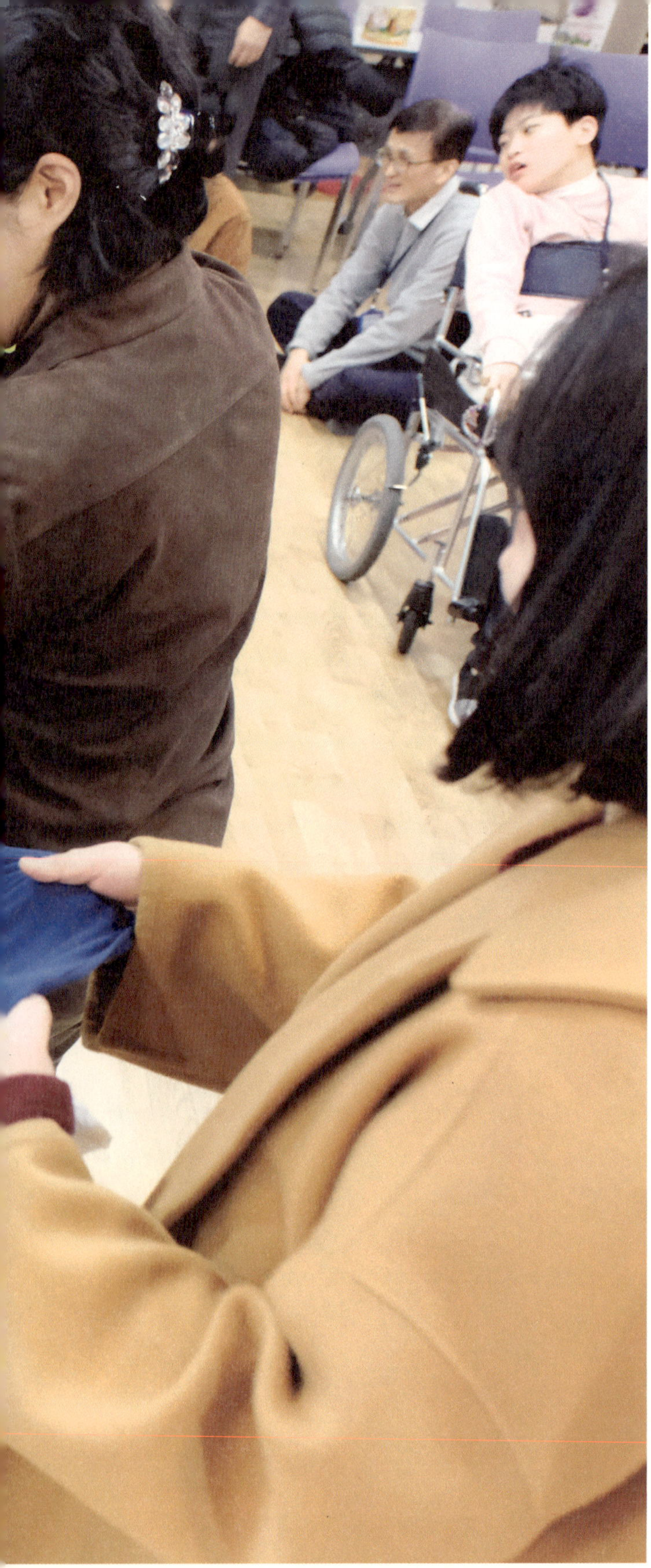

13

친구 넷이 친구 하나 데리고

요한복음
15장 11-15절

마가복음
2장 1-5절

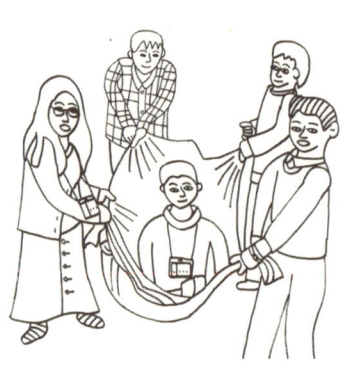

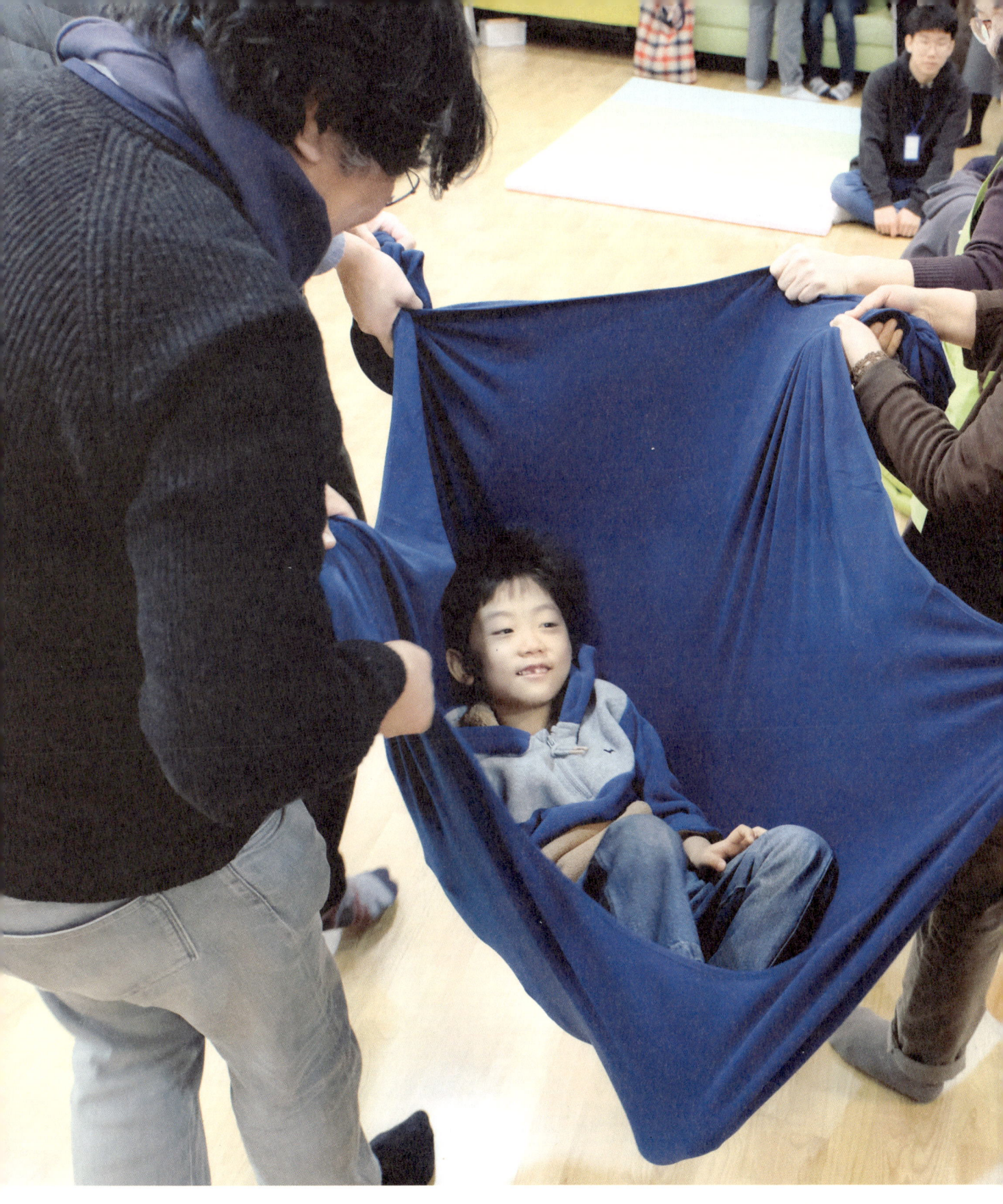

6 성탄 감사나무 일부가 하나의 나무가 되도록 합한다. 끝부분에 붙인 양면테이프 한 면을 제거하고 단단하게 붙인다.

7 우리 손으로 만든 성탄 감사나무 사진을 찍어 소중히 기억한다.

어울리는 찬양 ♪♬ | 깊은 어둠이 내린 밤
_파이디온선교회

5 우리와 함께 애쓰는, 고마운 이들에게 성탄 감사나무를 선물할 수 있다. 아기 예수가 이 땅에 온 것을 기억하고 기뻐하고 감사하며, 고마운 마음을 적고 곱게 꾸민다.

· 더우나 추우나 비가 오나 눈이 오나 주차 봉사로 애쓰는 이들에게 전하는 것도 괜찮다(예; 평화의 왕! 주차부에게 왔어요. 하늘의 영광! 주차부의 샬롬!, 주차부! 늘 고맙고 든든해요, 주차부 덕분에 행복해요, 눈이 오나 비가 오나 애써주어 고마워요 등).

· 토요일에 미리 주차부실 벽에 성탄 감사나무를 붙이면 기분 좋은 깜짝 선물이 될 것이다(차나 초콜릿 같은 선물과 함께).

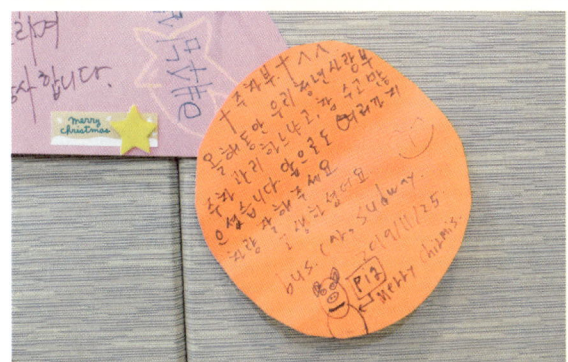

더 생각하기: 성탄 트리 종이를 주고 조각난 한 부분을 꾸밀 때 종이의 경계를 알 수 있도록 테두리를 따라 글루건이나 목공용 풀(마르면 투명하고 딱딱해짐)로 미리 표시해 주면 조각 안에 꾸미기 활동을 하도록 안내하기 좋습니다. 성탄 트리가 모두 완성되면 자신이 만든 작품이 다른 친구의 작품과 합쳐져서 하나의 큰 작품이 되었음을 알려주며, 관심을 둘 수 있도록 합니다. 성탄 트리를 크게 만들 때 종이 대신 펠트지를 사용하면 조금 더 따뜻한 느낌을 낼 수 있습니다.

> 진행하기

3 성탄 감사나무의 일부분과 꾸밀 재료를 나누어 준다. 이후에 모았을 때 하나의 성탄 감사나무가 완성된다고 이야기하고 시작한다. 성탄의 기억과 기쁨과 감사 또한 더불어 나눌 때 의미가 있다고 이야기한다.
  · 지금 받은 것은 하나의 나무를 조각낸 것이라 모양이 확실하지 않다.

4 성탄 감사나무의 일부분을 꾸민다. 이 땅에 샬롬을 전하기 위해 온 아기 예수의 생일을 축하하고 감사하는 이야기를 자유롭게 적는다. 친구의 이름을 적고 성탄 관련 꾸밀 재료를 활용해서 여백을 채운다.
  · 틀에 박힌 표현이 아닌 친구가 이제 막 태어난 아기 예수에게 전하고 싶은 이야기를 함께 적는다.
  · 표현하기 힘든 경우 미리 가족에게 이야기를 받는다(아기 예수에게 전하는 생일축하와 감사 이야기)

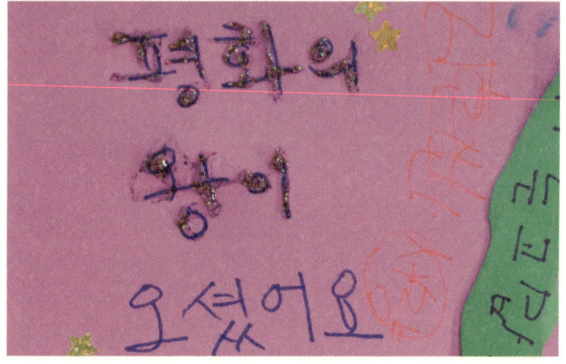

> 말씀
> 체험

하늘에서는 영광!
땅에서는 샬롬!

독일, 마틴 루터는 크리스마스 전날 밤 나뭇가지 사이로 들어오는 별빛이 너무 아름다웠습니다. 이 장면을 표현하기 위해 집에 나무를 놓고 촛불을 켰습니다. 어둠을 밝히는 빛과 나무, 크리스마스트리의 유래입니다. 크리스마스(Christmas)는 그리스도(Christ)와 날(mas)의 합성어입니다. 예수 그리스도가 하늘의 샬롬을 이 땅에 전하기 위해 온 것을 기억하고 기뻐하고 감사하는 날입니다. 기억과 기쁨과 감사는 성탄절(聖誕節)의 핵심입니다. 예수 그리스도의 태어남을 축하하고, 우리와 함께함에 감사합니다. 애써 동행하는 서로에게도 고마운 마음을 전합니다. 고마운 마음과 손글씨로 우리만의 성탄 감사나무를 만드는 말씀체험입니다.

준비물

두꺼운 종이(연한 파스텔톤)
가위
양면테이프
네임펜
색연필
꾸밀 재료(스티커 등)
부서 단체 사진

미리 준비하기

1 성탄 감사나무틀을 상황에 따라 다양한 크기와 모양으로 준비한다.
· 웹사이트에서 '성탄 트리 도안'을 검색하면 다양한 모양의 성탄 나무를 볼 수 있다.

2 다양한 색의 두꺼운 종이를 잘라서 하나의 나무를 만든다. 종이를 반으로 접어서 자르면 나무모양 만들기가 쉽다. 이후에 끝을 붙여서 하나로 연결해야 한다. 서로 연결할 부분에 양면테이프를 붙인다.
· 남은 종이를 다양한 모양으로 오린다.

6 교사 한 명이 감사기도(동굴보다 더 어둡고 냄새나고 살기 힘든 우리에게 찾아오고 함께하고 구원함에 감사) 드린 후 동굴 밖으로 나온다. 동굴 입구가 열릴 때 밖에 있는 친구와 교사가 박수하며 환영한다.

7 동굴 입구나 구유 앞에서 사진을 찍어 소중히 기억한다.

더 생각하기

동굴 축사로 꾸밀 수 있는 별도의 공간이 없는 경우 텐트를 이용해 동굴 축사를 작게 꾸며도 좋습니다. 구유를 구매하는 것이 어려우면 큰 박스나 골판지, 폼보드 등의 재료로 만들 수 있습니다. 어둡고 냄새나는 환경에 강력한 거부의사를 표현하는 학생은 강제로 활동하지 않도록 합니다. 냄새에 민감한 친구는 구토를 할 수도 있으니 사전에 건강정보를 파악합니다.

진행하기

4 아기 예수 그리스도가 태어난 동굴 축사로 이동한다. 구원의 아기 예수를 찾아 네 명씩 동굴 안으로 들어간다. 동굴 안 끝까지(미닫이문) 걸어가며 우리를 찾아온 '구원의 아기 예수' 이야기를 나눈다.
· 동굴에서 들릴 법한 바람 소리가 스피커를 통해 울려 퍼진다.
· 스탠드 조명을 중간 중간에 두었기에 아주 어둡지 않다.

5 미닫이문을 열면 '동물 밥통, 볏짚, 아기 예수, 빛, 좋지 않은 냄새, 동굴 이미지, 말씀'이 보인다. 그 안으로 들어가 '예수님이 우리에게 오셨어요! 하늘에서는 하나님에게 영광! 땅에서는 하나님의 사람들에게 샬롬!'을 함께 고백한다(벽에 쓰여 있음).

말씀 체험

하늘에서는 영광! 땅에서는 샬롬!

1

예수 그리스도가 태어난 곳은 동물과 사람이 함께 거하는 동굴 축사입니다. 처음으로 누웠던 곳은 더럽고 냄새나고 불편한 동물 밥통입니다. 세상 어떤 왕도 이러한 곳에서 생을 시작하지 않습니다. 그분은 하나님 나라의 영광을 가득 담아 그 나라 백성에게 샬롬을 전하고자 왔습니다. 낮고 낮은 곳에 태어난 예수 그리스도를 찾아가는, 여호와의 희망이 깃든 곳에서 노래하는 말씀 체험입니다.

준비물

검은색 천
바람소리 음원
스피커
청국장
볏짚
구유(또는 모형)
현수막이나 글자인쇄
(예수님이 우리에게 오셨어요!
하늘에서는 하나님에게 영광!
땅에서는 하나님의 사람들에게 샬롬!)
동굴 이미지 현수막
스탠드 조명

미리 준비하기

1. 예배실이 아닌 별도 공간에 '예수 그리스도가 태어난 곳 (유대 베들레헴 동굴 축사)'을 만든다.
   - 부서 상황에 따라 가능한 만큼 표현한다.

2. 좁은 복도를 동굴처럼 꾸민다. 어둡게 하고 스탠드 조명으로 중간 중간을 밝힌다. 스피커로 바람 소리 음원이 들리게 한다. 좁은 복도 입구를 검은색 천으로 가린다.

3. 좁은 복도 끝에 구유를 놓고 볏짚을 올린 후 아기 인형(예수 그리스도 상징)을 눕힌다. 구유 위에 '예수님이 우리에게 오셨어요! 하늘에서는 하나님에게 영광! 땅에서는 하나님의 사람들에게 샬롬!'을 적어 붙인다. 축사와 구유에는 냄새가 난다. 청국장을 구유 곁에(안보이게) 둔다.
   - 구유는 골동품 가게에서 사거나 종이상자를 활용해서 만든다.

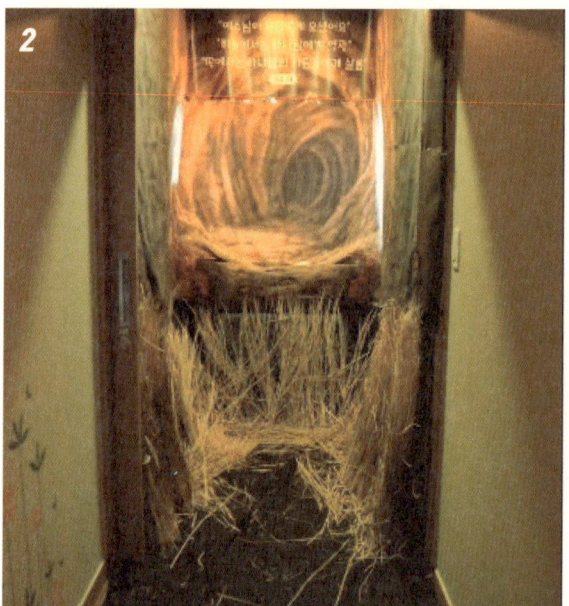

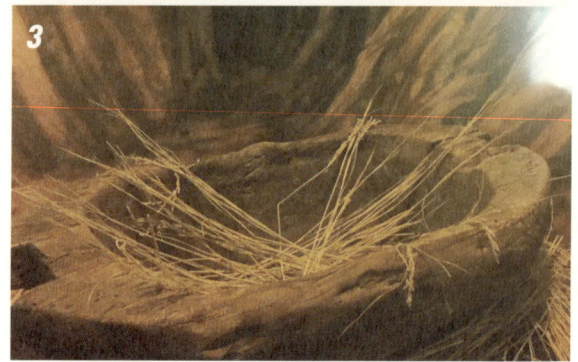

누가복음 2장 4-14절

4. 요셉도 다윗의 집 족속이므로 갈릴리 나사렛 동네에서 유대를 향하여 베들레헴이라 하는 다윗의 동네로
5. 그 약혼한 마리아와 함께 호적하러 올라가니 마리아가 이미 잉태하였더라
6. 거기 있을 그 때에 해산할 날이 차서
7. 첫아들을 낳아 강보로 싸서 구유에 뉘었으니 이는 여관에 있을 곳이 없음이러라
8. 그 지역에 목자들이 밤에 밖에서 자기 양 떼를 지키더니
9. 주의 사자가 곁에 서고 주의 영광이 그들을 두루 비추매 크게 무서워하는지라
10. 천사가 이르되 무서워하지 말라 보라 내가 온 백성에게 미칠 큰 기쁨의 좋은 소식을 너희에게 전하노라
11. 오늘 다윗의 동네에 너희를 위하여 구주가 나셨으니 곧 그리스도 주시니라
12. 너희가 가서 강보에 싸여 구유에 뉘어 있는 아기를 보리니 이것이 너희에게 표적이니라 하더니
13. 홀연히 수많은 천군이 그 천사들과 함께 하나님을 찬송하여 이르되
14. 지극히 높은 곳에서는 하나님께 영광이요 땅에서는 하나님이 기뻐하신 사람들 중에 평화로다 하니라

사도 바울은 "하나님의 약속은 얼마든지 그리스도 안에서 예가 되니 그런즉 그로 말미암아 우리가 아멘 하여 하나님께 영광을 돌리게 되느니라(고후1:20)"고 했습니다. 여호와 하나님의 아슬아슬한 희망은 어마어마한 절망을 견뎌냅니다. 구원(심판과 회복, 사랑과 정의)이라는 하나님의 약속은 그리스도 예수 안에서 영원히, 온전히, 완전히 이루어집니다. 예수의 뜻은 '여호와의 구원'이며, 그리스도의 뜻은 '(여호와의 구원을 위해) 기름 부음 받은 왕과 선지자와 제사장'입니다. 그는 약속대로 이스라엘에서 가난한 동네 베들레헴에서 태어납니다. "베들레헴 에브라다야 너는 유다 족속 중에 작을지라도 이스라엘을 다스릴 자가 네게서 내게로 나올 것이라 그의 근본은 상고에, 영원에 있느니라(미5:2)" 거할 곳이 마땅치 않아서 가난한 목동 축사까지 밀려납니다. 그가 처음으로 누웠던 곳은 더럽고 냄새나고 끈적끈적하고 불편한 구유(동물 밥통)입니다. 예수는 하늘의 기쁨으로 땅의 슬픔을 위로하는 그리스도입니다. 지극히 높은 곳에서는 하나님에게 영광입니다. 땅에서는 하나님이 기뻐하시는 사람들에게 평화입니다. 마음과 뜻과 힘을 다해 하나님을 예배하고, 말씀을 체험합니다.

12

하늘에서는 영광!
땅에서는 샬롬!

누가복음
2장 4-14절

4 모든 친구에게 팔찌가 채워지면 파라슈트 밖에 있는 학생과 교사가 구호를 외친다. 안에 있는 친구와 교사가 따라서 구호를 외친다.
"나가자, 죄에서 샬롬으로"
"나가자, 어둠에서 빛으로"
"나가자, 욕심에서 사랑으로"

5 구호를 다 외치면 덮여있는 파라슈트를 열어 준다. 외양간에서 나온 송아지처럼 신나게 뛰면서 여호와 하나님의 구원과 사랑과 정의를 기뻐한다.

· 조를 바꾸어가면서 진행한다.

어울리는 찬양 ♪♬

난 자유해
_ 기독교대한감리회

3 파라슈트 안에서 교사가 욕심을 적은 포스트잇을 떼어내고, 야광팔찌를 채운다. 야광팔찌는 담당교사가 미리(몰래) 가지고 있는다. 죄와 어둠과 욕심을 밝히는 샬롬과 빛과 사랑을 의미한다.

· 야광 팔찌 사용법 : 야광 팔찌는 골고루 딱딱 구부린 후 팔에 채운다.

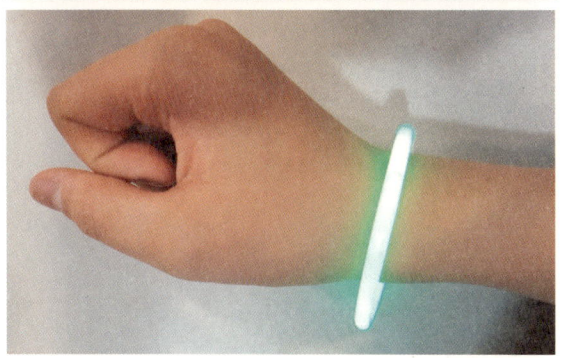

더 생각하기 { 나쁜 마음과 관련된 그림이나 사진 등의 이미지 자료를 준비해 단어 대신 그림을 붙이게 해도 좋습니다. 파라슈트를 구매하기 어려우면 얇은 이불이나 담요 등으로 대체해도 좋습니다. 어두운 환경에서 단체로 활동하기에 특별히 안전에 유의해야 합니다. 어두운 곳을 극도로 싫어하는 친구가 없는지 미리 파악해 참여 정도를 조절하며, 활동 장소 주변에 위험한 물건이 없는지 확인해 다른 곳으로 치우고 정리해야 합니다. 부딪힐 수 있는 큰 가구가 있다면 모서리보호대 등으로 위험한 부분을 감싸도록 합니다. }

말씀체험

외양간에서 나온 송아지처럼 뛰리라

외양간에서 먹는 마른 풀과 풀밭에서 먹는 촉촉한 풀은 맛이 전혀 다릅니다. 갑갑한 외양간에서 나온 송아지가 풀밭을 뛰어놀며 싱싱한 풀을 뜯어 먹습니다. 얼마나 기쁠까요. 외양간에서 나온 송아지처럼 여호와 하나님의 사랑과 정의를 기뻐하는 말씀체험입니다.

준비물
검은 천 또는 검은 옷
포스트잇
야광팔찌
파라슈트

진행하기

1. 포스트잇을 나누어 준다. 나쁜 마음을 적고 몸에 붙인다.
   - 미움, 시기, 질투, 욕심, 다툼 등
   - 구체적으로 적어야 활동에 의미가 있다.

2. 어둠은 죄와 욕심을 상징하기에 예배실을 어둡게 하고 진행한다. 친구와 교사를 한곳으로 모은 후 파라슈트를 덮는다.

말라기 4장 1-6절

1. 만군의 여호와가 이르노라 보라 용광로 불 같은 날이 이르리니 교만한 자와 악을 행하는 자는 다 지푸라기 같을 것이라 그 이르는 날에 그들을 살라 그 뿌리와 가지를 남기지 아니할 것이로되
2. 내 이름을 경외하는 너희에게는 공의로운 해가 떠올라서 치료하는 광선을 비추리니 너희가 나가서 외양간에서 나온 송아지 같이 뛰리라
3. 또 너희가 악인을 밟을 것이니 그들이 내가 정한 날에 너희 발바닥 밑에 재와 같으리라 만군의 여호와의 말이니라
4. 너희는 내가 호렙에서 온 이스라엘을 위하여 내 종 모세에게 명령한 법 곧 율례와 법도를 기억하라
5. 보라 여호와의 크고 두려운 날이 이르기 전에 내가 선지자 엘리야를 너희에게 보내리니
6. 그가 아버지의 마음을 자녀에게로 돌이키게 하고 자녀들의 마음을 그들의 아버지에게로 돌이키게 하리라 돌이키지 아니하면 두렵건대 내가 와서 저주로 그 땅을 칠까 하노라 하시니라

구약의 마지막 선지자는 말라기입니다. 뜻은 '나의 사자'입니다. 세상에서 가장 슬픈 이야기를 꼽자면 단연코 말라기가 전한 하나님의 아픔입니다. 그것에는 처절한 절망과 아슬아슬한 희망이 공존합니다. 여호와 하나님은 이스라엘 백성에게 사랑과 정의를 가르쳤습니다. 오랜 세월 동안 포기하지 않았습니다. 고약한 죄와 욕심을 버리길, 평화롭게 더불어 샬롬을 누리길 원했습니다. 포로 생활을 마치고 돌아온 이스라엘 백성이 그러한 삶을 시작하길 원했습니다. 그러나 이전과는 비교할 수 없는 모욕과 배신을 당합니다. 이런 절망에도 무언가를 바랄 수 있을까요. 절망을 견딜 수 없다면 희망은 더는 희망일 수 없습니다. 말라기가 참으로 슬프지만 슬픔만으로 끝나지 않습니다. 그분은 공의로운 해를 비추겠다고, 그 빛 아래에서 참된 언약백성이 더불어 샬롬을 누릴 것이라고 합니다. 외양간에서 나온 송아지가 푸른 초장을 펄쩍펄쩍 뛰는 것처럼. 하나님의 슬픔을 헤아리며 기쁨을 공유하는 삶이길 바랍니다. 마음과 뜻과 힘을 다해 하나님을 예배하고, 말씀을 체험합니다.

11

외양간에서 나온
송아지처럼 뛰리라

말라기
4장 1-6절

5 여호와 하나님이 우리의 이름과 존재를 영원한 기념책에 적는다. "그분의 마음을 아는 참 예배자가 되자"고 이야기한다. 완성한 자화상을 들고 사진을 찍어 소중히 기억한다.

6 여호와의 기념책을 의미하는 서류 파일을 예배실 앞 책상 위에 올려둔다. 자화상을 가지고 나와서 여호와의 기념책에 끼워 넣는다. "여호와의 기념책은 참 예배자의 이야기로 채워진다"고 이야기한다.

7 여호와의 기념책을 완성한 후 서로 돌려본다. 여호와의 기념책에는 어떤 친구가 있는지, 어떤 모습으로 자신을 그렸는지 이야기한다.

8 기념책에 넣은 자화상을 다시 예배실 한쪽에 붙여서 같이 본다.

어울리는 찬양 ♪ 온 마음을 하나님께 _파이디온선교회

진행하기

3 자화상을 그릴 수 있는 종이와 재료를 나누어 준다. 얼굴 라벨지를 자화상 아래에 붙인다. '참 예배자 OO'의 빈자리에 이름을 적는다. "여호와의 기념책에는 참 예배자의 이름이 있다"고 이야기한다.

4 자신의 얼굴을 보면서 자화상을 그린다. 간단한 밑그림 위에 자유롭게 얼굴을 표현한다. "여호와의 기념책의 한페이지를 꾸미고 있다"고 이야기한다.

더 생각하기

친구의 정면 얼굴 사진을 A4 사이즈로 크게 출력한 후 그 위에 OHP 필름을 올리고 유성매직이나 네임펜으로 선을 따라 그립니다. 그림을 모두 따라 그린 후에는 OHP 필름 아래 얼굴 사진을 떼고 색이 있는 종이나 A4 용지를 대주면 선을 따라 그린 그림이 잘 보입니다. 이렇게 사진을 따라 그림을 그리면 친구의 모습과 조금 더 닮은 자화상 만들기를 할 수 있습니다.

말씀 체험

여호와의 기념책에 있는 참 예배자

여호와 하나님은 자신과 동고동락하는 이들을 고맙게 여깁니다. 그분의 영원한 기념책에 이름을 빠짐없이 적고 기억하겠다고 합니다. 마음 알아주는 한 사람만 있어도 슬픔과 아픔은 조금 견딜만해 집니다. 우리가 여호와의 마음을 아는 한 사람이길 바라며 여호와의 기념책을 만드는 말씀체험입니다.

준비물

자화상 그릴 수 있는 종이
(아래에 '참 예배자 00'라고 씀)
색연필
네임펜
얼굴 라벨지
서류 파일
종이 타공기

미리 준비하기

1. 자유롭게 자신을 표현할 수 있는 자화상 밑그림을 준비한다. 그 아래에 '참 예배자 00'라고 적은 후 인쇄한다.

2. 서류 파일에 '여호와의 기념책'이라고 적는다.

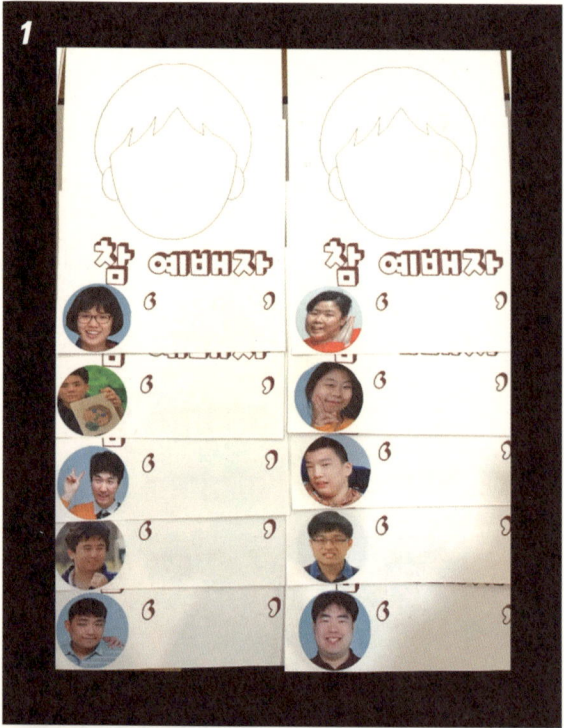

성경 본문

말라기 1장 1-2절

1. 여호와께서 말라기를 통하여 이스라엘에게 말씀하신 경고라
2. 여호와께서 이르시되 내가 너희를 사랑하였노라 하나 너희는 이르기를 주께서 어떻게 우리를 사랑하셨나이까 하는도다 나 여호와가 말하노라 에서는 야곱의 형이 아니냐 그러나 내가 야곱을 사랑하였고

말라기 3장 13-18절

13. 여호와가 이르노라 너희가 완악한 말로 나를 대적하고도 이르기를 우리가 무슨 말로 주를 대적하였나이까 하는도다
14. 이는 너희가 말하기를 하나님을 섬기는 것이 헛되니 만군의 여호와 앞에서 그 명령을 지키며 슬프게 행하는 것이 무엇이 유익하리요
15. 지금 우리는 교만한 자가 복되다 하며 악을 행하는 자가 번성하며 하나님을 시험하는 자가 화를 면한다 하노라 함이라
16. 그 때에 여호와를 경외하는 자들이 피차에 말하매 여호와께서 그것을 분명히 들으시고 여호와를 경외하는 자와 그 이름을 존중히 여기는 자를 위하여 여호와 앞에 있는 기념책에 기록하셨느니라
17. 만군의 여호와가 이르노라 나는 내가 정한 날에 그들을 나의 특별한 소유로 삼을 것이요 또 사람이 자기를 섬기는 아들을 아낌 같이 내가 그들을 아끼리니
18. 그 때에 너희가 돌아와서 의인과 악인을 분별하고 하나님을 섬기는 자와 섬기지 아니하는 자를 분별하리라

세상에서, 성경에서 가장 슬픈 이야기는 '말라기'입니다. 말라기의 뜻은 '나의 사자'입니다. 여호와 하나님은 포로 귀한 후에 제대로 배신을 당합니다. 어느 정도 정신을 차릴 것이라 기대했으나 현실은 절망스러웠습니다. 이스라엘 백성은 "이런 하나님은 더는 필요 없다"고 여겼습니다. 그럼에도 자신의 오랜 사랑을 이야기하고자 마지막 선지자 말라기를 보냅니다. 이스라엘 백성과 나눈 이야기는 충격적입니다. 그분은 그들에게 "내가 너희를 사랑하였노라(말1:2)"라고 합니다. 그들은 그에게 "주께서 어떻게 우리를 사랑하셨나이까(말1:2)"라고 합니다. 구약의 마지막 길은 사망의 음침한 골짜기 같습니다. 누가 그분의 슬픔과 아픔과 애달픔과 고달픔을 헤아릴 수 있을까요. 그루터기처럼 남은 자가 그분의 심정을 헤아리고 위로합니다. 여전히 그분을 사랑하고 경외한다고 합니다. 여호와 하나님은 그들의 이름을 기념책에 고이 적습니다. 참으로 고마워하며. 마음과 뜻과 힘을 다해 하나님을 예배하고, 말씀을 체험합니다.

10

여호와의 기념책에 있는 참 예배자

말라기
1장 1-2절
3장 13-18절

5 더불어 사랑하며 살아가는 친구와 교사에게 유언장에 적은 이야기를 읽어준다. 진지하게 유언의 내용을 듣는다. 서로의 삶과 죽음을 격려하고 응원하며 박수한다.

6 유언장을 모아서 예배실 한쪽에 붙인다. 친구가 어떤 유언을 적었는지 살펴보며 기도한다.

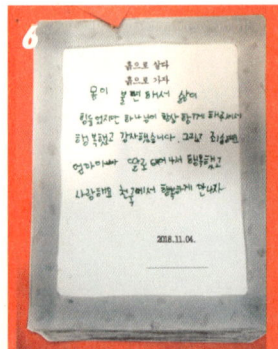
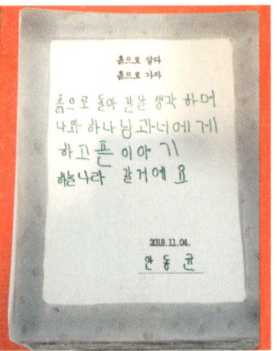

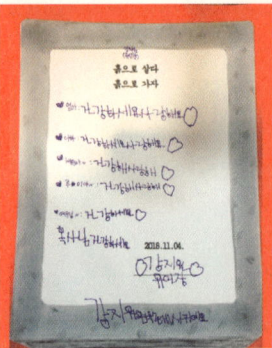
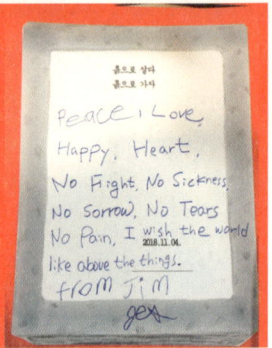
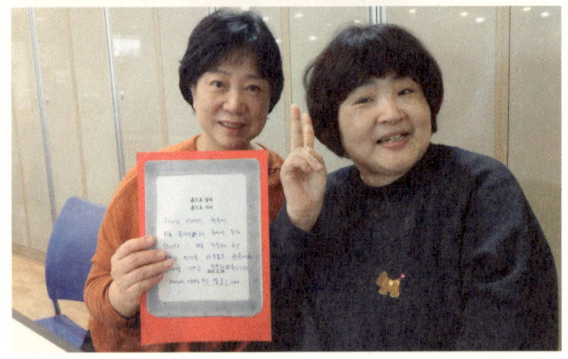
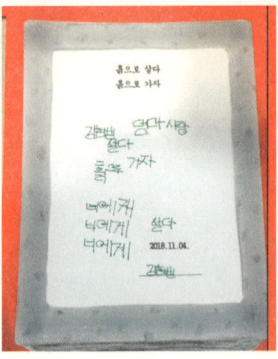
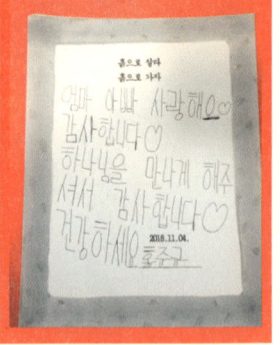

어울리는 찬양 ♪♬ 　내게로부터 눈을 들어(시선)
_복음성가

진행하기

3 삶의 모양은 각기 다르지만 죽음만큼은 비슷하게 만난다. 자기 죽음을 생각할 때 어떠한 마음과 생각이 드는지 서로 이야기한다.

4 에스더는 자기 죽음을 생각하며 "죽으면 죽으리이다 (에4:16)"라고 이야기했다. 각자의 죽음을 생각하며 남기고 싶은 유언을 서로 이야기한다. 사랑하는 가족과 친구를 생각하며 유언을 적는다.

더 생각하기

죽음, 또는 유언을 이해하기 어려울 수 있습니다. 활동 전, 그리고 활동 중간중간 유언장의 의미를 말해줍니다. 사랑하는 가족과 친구의 사진을 미리 준비해 사진을 보며 하고 싶은 말을 적게 하면 친구가 활동에 조금 더 적극적으로 참여할 수 있습니다. 글씨를 쓰기 어려운 친구는 가족이나 친구에게 남기고 싶은 것을 잡지에서 이미지로 찾아 유언장에 붙이는 활동이나 가족에게 들려주고 싶은 찬양의 가사를 붙이는 활동 등으로 대체할 수 있습니다.

말씀체험

그러다 죽게 되면 죽자

에스더가 금식하고 규례를 어기고 무서운 왕에게 나아가며 한 이야기는 "죽으면 죽으리이다(에4:16)"입니다. 그러다 죽게 되면 죽겠다고 생각했기에 유언으로 이야기한 것입니다. 자기 죽음을 생각하며 유언을 적어보는 말씀체험입니다.

준비물
유언장
붉은색 종이
양면테이프
네임펜

미리 준비하기

1 "그러다 죽게 되면 죽자", "흙으로 살다 흙으로 가자" 등을 적은 유언장을 인쇄한다.

2 풀이나 양면테이프로 붉은색 종이에 붙인다.

1

에스더 4장 13-16절

13. 모르드개가 그를 시켜 에스더에게 회답하되 너는 왕궁에 있으니 모든 유다인 중에 홀로 목숨을 건지리라 생각하지 말라
14. 이 때에 네가 만일 잠잠하여 말이 없으면 유다인은 다른 데로 말미암아 놓임과 구원을 얻으려니와 너와 네 아버지 집은 멸망하리라 네가 왕후의 자리를 얻은 것이 이 때를 위함이 아닌지 누가 알겠느냐 하니
15. 에스더가 모르드개에게 회답하여 이르되
16. 당신은 가서 수산에 있는 유다인을 다 모으고 나를 위하여 금식하되 밤낮 삼 일을 먹지도 말고 마시지도 마소서 나도 나의 시녀와 더불어 이렇게 금식한 후에 규례를 어기고 왕에게 나아가리니 죽으면 죽으리이다 하니라

에스더 9장 24-28절

24. 곧 아각 사람 함므다다의 아들 모든 유다인의 대적 하만이 유다인을 진멸하기를 꾀하고 부르 곧 제비를 뽑아 그들을 죽이고 멸하려 하였으나
25. 에스더가 왕 앞에 나아감으로 말미암아 왕이 조서를 내려 하만이 유다인을 해하려던 악한 꾀를 그의 머리에 돌려보내어 하만과 그의 여러 아들을 나무에 달게 하였으므로
26. 무리가 부르의 이름을 따라 이 두 날을 부림이라 하고 유다인이 이 글의 모든 말과 이 일에 보고 당한 것으로 말미암아
27. 뜻을 정하고 자기들과 자손과 자기들과 화합한 자들이 해마다 그 기록하고 정해 놓은 때 이 두 날을 이어서 지켜 폐하지 아니하기로 작정하고
28. 각 지방, 각 읍, 각 집에서 대대로 이 두 날을 기념하여 지키되 이 부림일을 유다인 중에서 폐하지 않게 하고 그들의 후손들이 계속해서 기념하게 하였더라

에스더의 뜻은 '별'입니다. 참으로 고운 이름입니다. 별은 하늘이 가장 어두운 새벽에 가장 밝게 빛납니다. 에스더의 삶과 신앙도 그랬습니다. 바벨론이 바사에게 패망하고 포로 귀환이 시작되었습니다. 좋은 일만 가득하리라 여겼는데 현실은 녹록지 않았습니다. 바사(페르시아)제국의 왕 중에서 가장 거칠었던 인물이 아하수에르입니다. 아내가 여럿 있었는데 그중에 한 명이 유대인 에스더입니다. 아멜렉인 하각의 계략으로 유대인이 몰살 직전에 이르렀습니다. 하각은 유대인이 반란을 꾀한다고 거짓말합니다. 유대인 모르드개는 위험한 상황을 알게 되었고 에스더에게 왕을 알현하길 권합니다. 왕이 부르지 않았는데 함부로 나가면 죽습니다. 그녀는 왕이 무척 두려웠지만, 자신의 생명을 걸고 유대인의 생명을 지키려고 합니다. 에스더는 그러다 죽으면 죽겠다는 심정으로 하각의 계략을 수포로 돌립니다. 우리도 우리의 죽음을 생각하고 우리와 더불어 사는 생명을 사랑하길 바랍니다. 마음과 뜻과 힘을 다해 하나님을 예배하고, 말씀을 체험합니다.

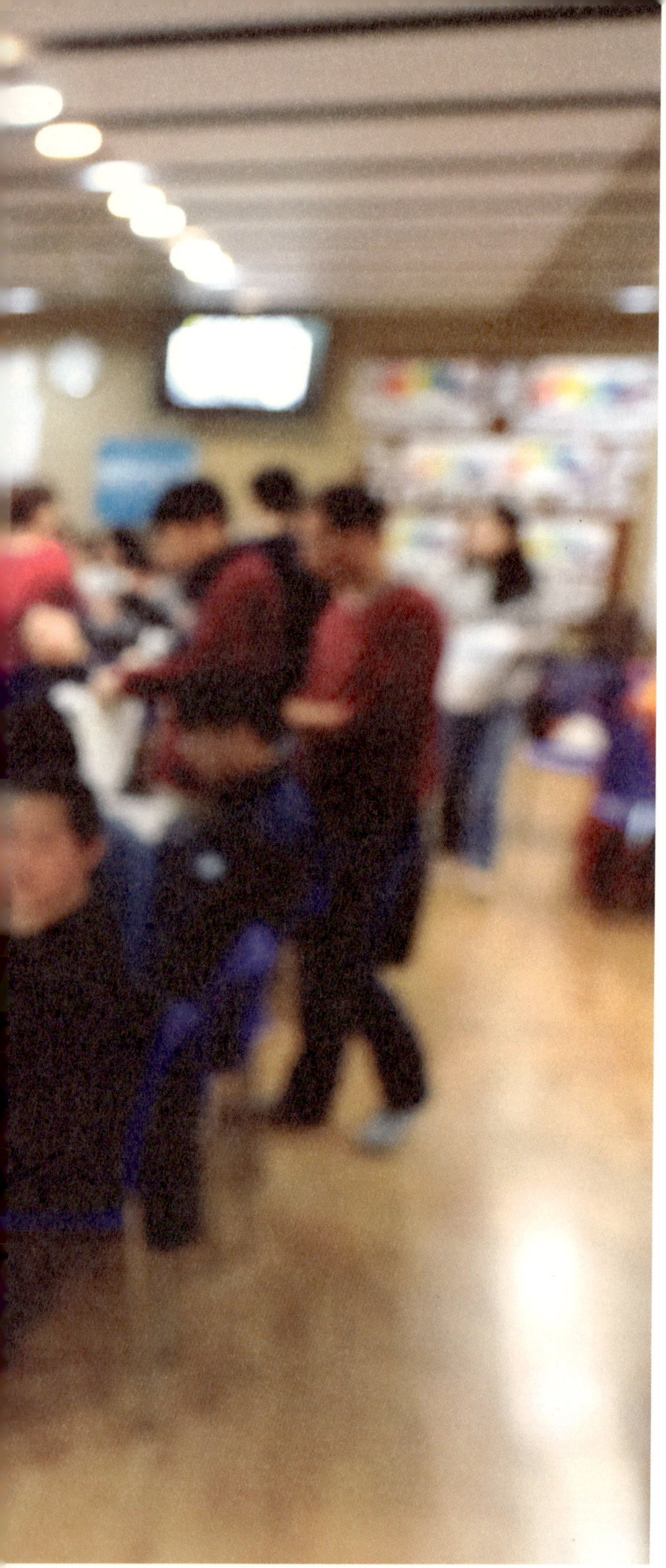

9

그러다 죽게 되면 죽자

에스더

4장 13-16절
9장 24-28절

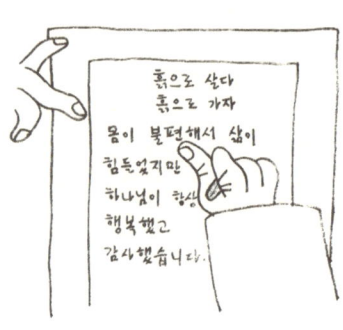

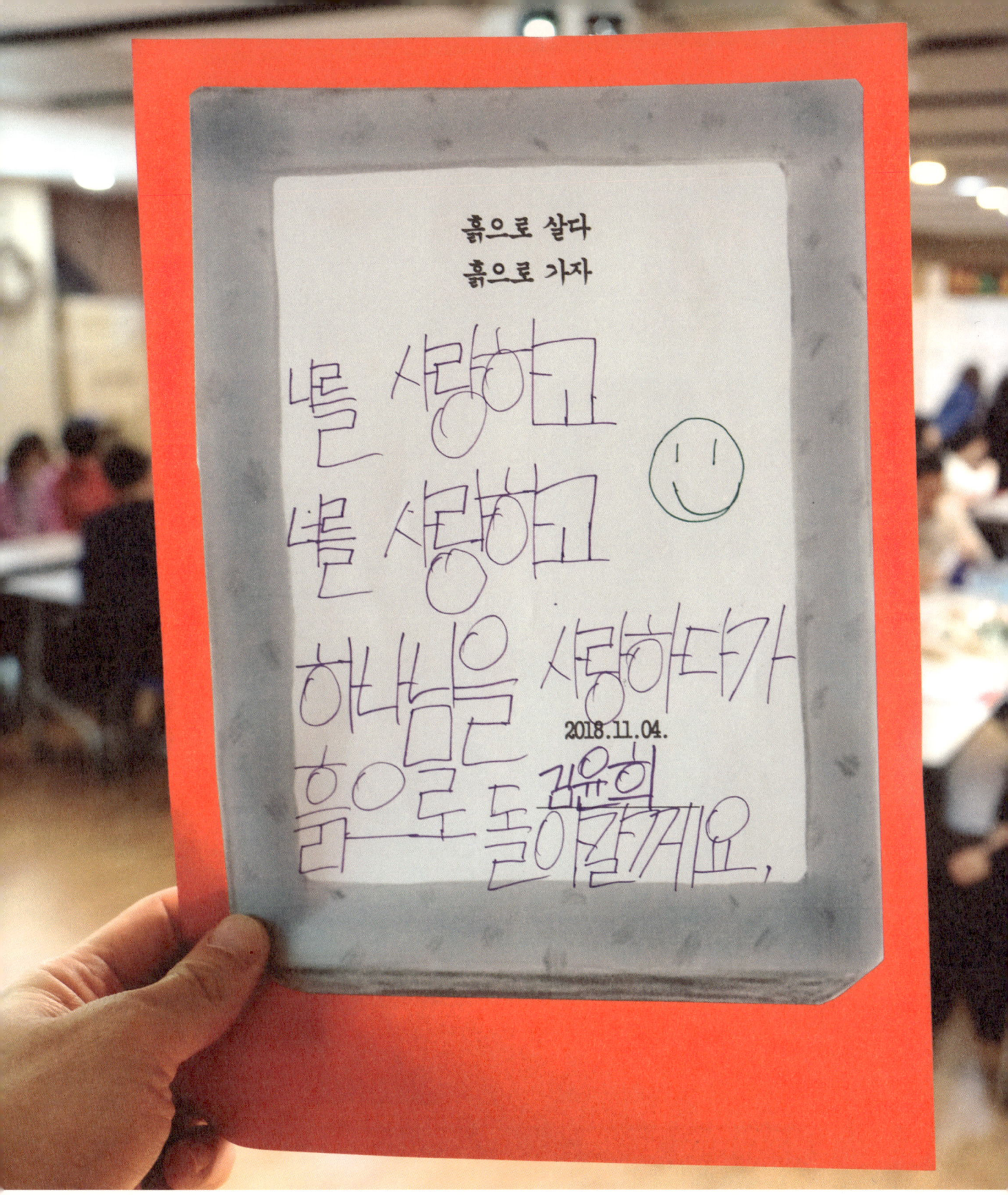

6 리본과 불모양 종이를 붙인 말씀벽돌을 가지고 나온다. 예배실 한쪽에 말씀성벽을 다시 쌓는다.
  · 다 쌓은 후에 다 같이 "여호와, 우리의 불성벽"을 외치고 여호와 하나님에게 감사의 박수를 드린다.

7 다시 쌓은 불성벽 앞에서 사진을 찍어 소중히 기억한다. 다른 친구가 어떤 말씀을 좋아하는지, 어떻게 믿음을 고백하는지를 살펴보며 응원한다.

어울리는 찬양 ♪♬

여호와의 말씀따라
_ 파이디온선교회

진행하기

3 리본을 매단 불모양 종이를 나누어 준다.

4 리본에 글을 자유롭게 적는다.
  · "여호와, 우리의 불성벽", "여호와가 우리를 지킨다", "여호와를 노래하라", "여호와를 기뻐하라", "여호와에게 감사하라" 등

5 지난주에 만든 말씀벽돌을 다시 나누어 준다. 리본이 달린 불모양 종이를 붙인다(뒷면 양면테이프 제거).
  · 말씀벽돌에 적은 하나님의 말씀과 리본에 적은 우리의 고백을 서로 이야기한다.

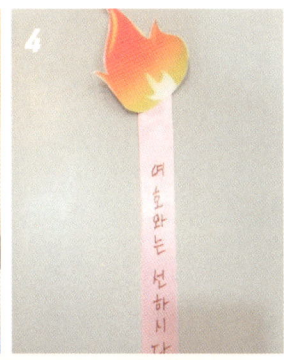

더 생각하기

리본 대신 종이를 사용해도 됩니다. 불 이미지를 이해하기 어려운 친구가 있을 수 있습니다. 활동 전 미리 사진 또는 영상 자료를 보여줍니다. 불 모양 이미지를 컴퓨터로 작업하는 데 어려움이 있으면 색종이, 색지, 포장지, 포일 등 다양한 다른 재료를 사용해 직접 만들어도 좋습니다.

> 말씀
> 체험

여호와,
예루살렘 불성벽

우리 손으로 만들고 우리 손으로 쌓은 말씀성벽은 여호와 하나님의 희망입니다. 그분이 불로 둘러싼 성곽이 되어 다시 예루살렘(평화의 마을)과 함께합니다. 여호와 하나님이 예루살렘의 불성벽이라는 것을 기뻐하고 즐거워하는 말씀체험입니다.

준비물

양면테이프
불모양 종이
붉은색 리본
네임펜

미리 준비하기

1 불모양 이미지를 만들어서 출력한다. 불모양 종이 뒤에 양면테이프를 붙인다.

2 불모양 종이 아래에 붉은색 리본을 길게 매단다.

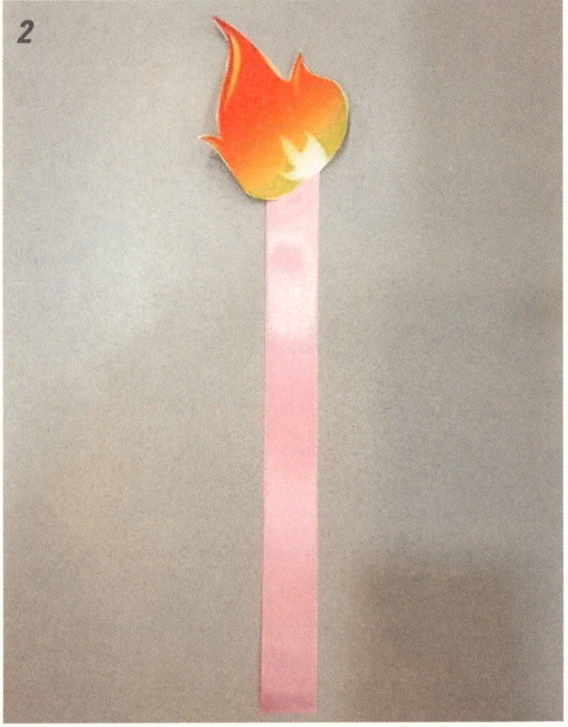

스가랴 2장 1-5절

1. 내가 또 눈을 들어 본즉 한 사람이 측량줄을 그의 손에 잡았기로
2. 네가 어디로 가느냐 물은즉 그가 내게 대답하되 예루살렘을 측량하여 그 너비와 길이를 보고자 하노라 하고 말할 때에
3. 내게 말하는 천사가 나가고 다른 천사가 나와서 그를 맞으며
4. 이르되 너는 달려가서 그 소년에게 말하여 이르기를 예루살렘은 그 가운데 사람과 가축이 많으므로 성곽 없는 성읍이 될 것이라 하라
5. 여호와의 말씀에 내가 불로 둘러싼 성곽이 되며 그 가운데에서 영광이 되리라

스가랴 2장 10-13절

10. 여호와의 말씀에 시온의 딸아 노래하고 기뻐하라 이는 내가 와서 네 가운데에 머물 것임이라
11. 그 날에 많은 나라가 여호와께 속하여 내 백성이 될 것이요 나는 네 가운데에 머물리라 네가 만군의 여호와께서 나를 네게 보내신 줄 알리라
12. 여호와께서 장차 유다를 거룩한 땅에서 자기 소유를 삼으시고 다시 예루살렘을 택하시리니
13. 모든 육체가 여호와 앞에서 잠잠할 것은 여호와께서 그의 거룩한 처소에서 일어나심이니라 하라 하더라

이스라엘 백성은 70년 만에 포로 생활에서 돌아옵니다. 그들이 무너진 성전을 재건하겠다고 기대했습니다. 돌아오는 내내 꿈은 점점 부풀었습니다. 정치지도자 스룹바벨과 종교지도자 여호수아와 모든 이들이 애썼습니다. 그런데 다시 쌓은 성전은 변변치 않고 미덥지 않고 보기에 초라했습니다. 화려하고 웅장했던 솔로몬 성전과는 비교할 수 없었습니다. 바람보다 규모가 작아서 실망하며 우는 이들도 있었습니다. 여호와 하나님은 스가랴를 통해 다시 예루살렘 성전을 택하겠다고 합니다. 그들이 보기에 초라할지 몰라도 그분이 보기에는 전혀 그렇지 않았습니다. 스가랴의 뜻은 '여호와의 기억'입니다. 여호와 하나님은 당신 자신이 불로 둘러싼 성곽이며 그 가운데에서 영광이 될 것이라고 합니다. 실망한 시온의 딸에게 노래하고 기뻐하라고 합니다. 다시 예루살렘을 택할 것이며 여호와가 그의 처소에서 일어설 것이니 모든 육체가 잠잠하라고 합니다. 여호와가 기억하는 바를 우리도 기억하면 좋겠습니다. 기억의 연대는 다른 무엇보다 큰 힘이 됩니다. 마음과 뜻과 힘을 다해 하나님을 예배하고, 말씀을 체험합니다.

8

여호와, 예루살렘 불성벽

스가랴
2장 1-5절
2장 10-13절

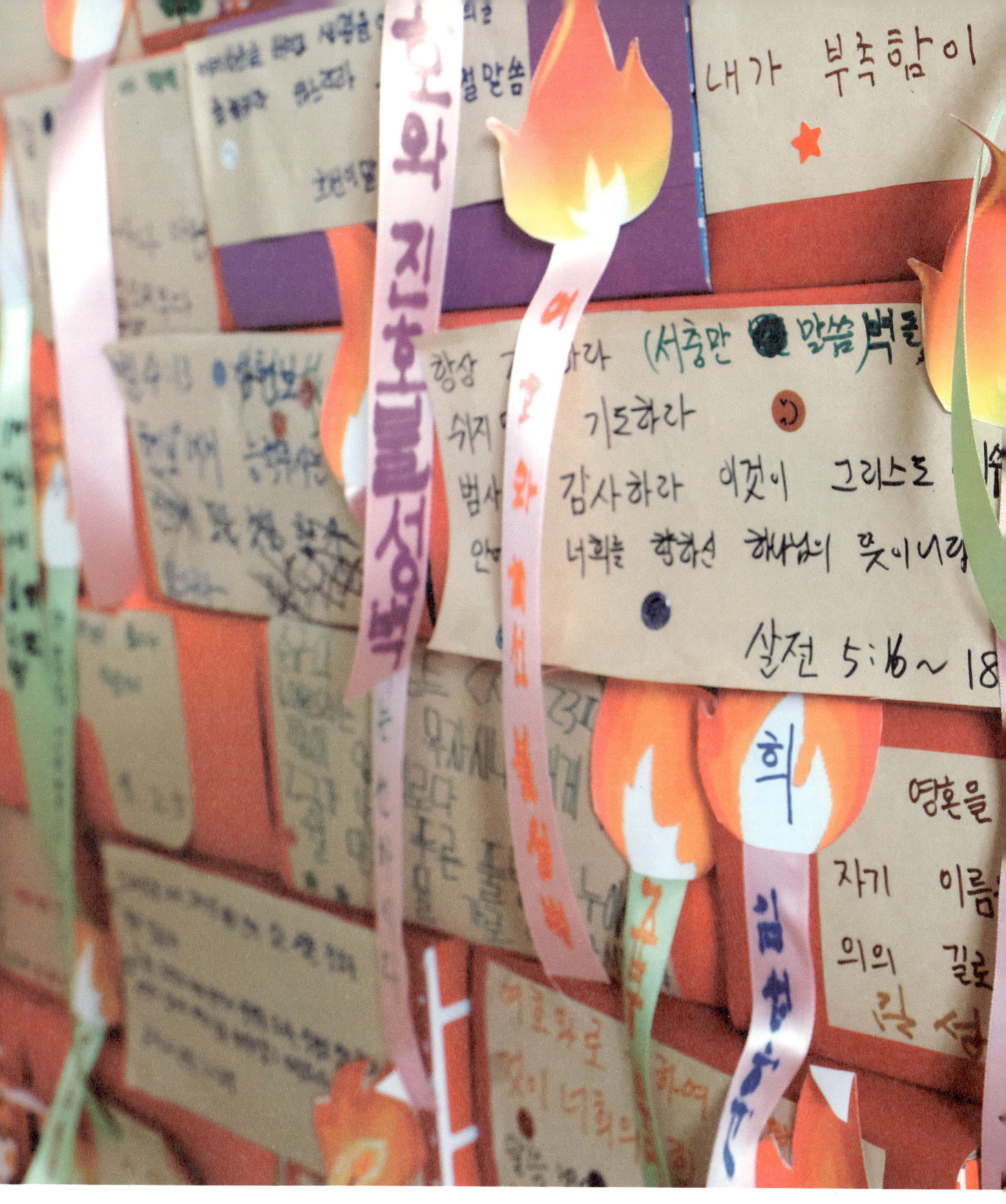

5 말씀벽돌을 둥글게 쌓아 말씀성벽을 만든다. 직접 자신의 말씀벽돌을 쌓게 한다.
  - 낮아도 괜찮다. 무너지면 다시 쌓는다.

6 모두 말씀성벽 안으로 들어간다. 말씀성벽 안에서 다 같이 "말씀으로 성벽 쌓자, 말씀으로 살아가자, 말씀으로 기뻐하자" 등을 외친다.

7 말씀성벽 안에서 간식을 먹으며 교제한다. 말씀체험 후 예배실 한쪽에 말씀벽돌을 쌓아놓는다.

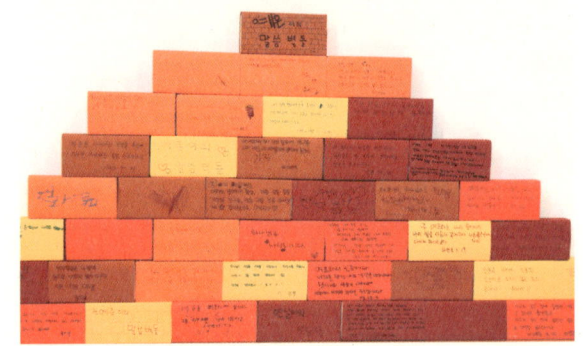

어울리는 찬양 ♪♬   믿음으로 승리해요
_ 파이디온선교회

진행하기

3 색지를 감싼 종이벽돌을 나누어 준다.
- 색지를 다양하게 해야 보기에 좋다.

4 종이벽돌 한 면에 'OO의 말씀벽돌'이라고 적는다. 여백에 좋아하는 말씀을 적고 곱게 꾸민다.
- 조별로 친구가 어떤 말씀을 좋아하는지 이야기한다. 말씀을 돌아가며 읽을 때 "아멘"이라고 고백한다.

더 생각하기

블록을 쌓는 활동은 단순해 보이지만, 소근육과 대근육을 모두 사용해야 하는 쉽지 않은 활동입니다. 블록 위에 다시 블록을 쌓기 어려운 친구는 제일 아래 칸(바닥)에 블록을 쌓을 수 있도록 가장 먼저 활동하게 하거나 교사가 손을 잡고 함께 활동합니다. 다양한 성경구절을 미리 준비해 친구가 선택해 따라 쓰거나 붙이도록 합니다.

> 말씀
> 체험

말씀의 성벽을 쌓자

여호와 하나님은 오늘도 여전히 성경을 통해 우리에게 말씀합니다. 그분의 말씀은 변화무쌍한 삶의 이정표이자 울타리이자 성벽입니다. 친구와 가족이 좋아하는 말씀으로 성벽을 쌓는 말씀체험입니다.

준비물

색지
양면테이프
가위
네임펜
벽돌상자

미리 준비하기

1 친구와 가족이 좋아하는 말씀을 미리 확인한다.
· 한 절이 적당하다.

2 색지를 벽돌상자 크기에 맞게 자른 후 감싼다.

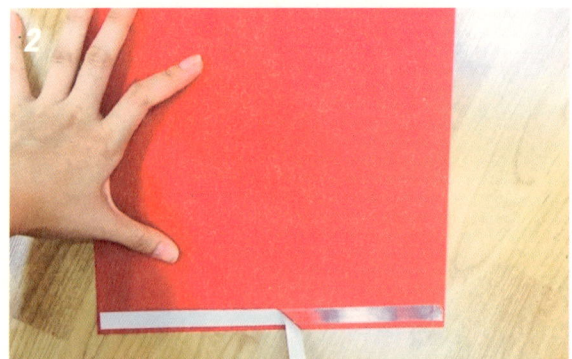

성경 본문

느헤미야 6장 15-16절

15. 성벽 역사가 오십이 일 만인 엘룰월 이십오일에 끝나매
16. 우리의 모든 대적과 주위에 있는 이방 족속들이 이를 듣고 다 두려워하여 크게 낙담하였으니 그들이 우리 하나님께서 이 역사를 이루신 것을 앎이니라

느헤미야 8장 5-12절

5. 에스라가 모든 백성 위에 서서 그들 목전에 책을 펴니 책을 펼 때에 모든 백성이 일어서니라
6. 에스라가 위대하신 하나님 여호와를 송축하매 모든 백성이 손을 들고 아멘 아멘 하고 응답하고 몸을 굽혀 얼굴을 땅에 대고 여호와께 경배하니라
7. 예수아와 바니와 세레뱌와 야민과 악굽과 사브대와 호디야와 마아세야와 그리다와 아사랴와 요사밧과 하난과 블라야와 레위 사람들은 백성이 제자리에 서 있는 동안 그들에게 율법을 깨닫게 하였는데
8. 하나님의 율법책을 낭독하고 그 뜻을 해석하여 백성에게 그 낭독하는 것을 다 깨닫게 하니
9. 백성이 율법의 말씀을 듣고 다 우는지라 총독 느헤미야와 제사장 겸 학사 에스라와 백성을 가르치는 레위 사람들이 모든 백성에게 이르기를 오늘은 너희 하나님 여호와의 성일이니 슬퍼하지 말며 울지 말라 하고
10. 느헤미야가 또 그들에게 이르기를 너희는 가서 살진 것을 먹고 단 것을 마시되 준비하지 못한 자에게는 나누어 주라 이 날은 우리 주의 성일이니 근심하지 말라 여호와로 인하여 기뻐하는 것이 너희의 힘이니라 하고
11. 레위 사람들도 모든 백성을 정숙하게 하여 이르기를 오늘은 성일이니 마땅히 조용하고 근심하지 말라 하니
12. 모든 백성이 곧 가서 먹고 마시며 나누어 주고 크게 즐거워하니 이는 그들이 그 읽어 들려 준 말을 밝히 앎이라

이스라엘 백성은 바벨론 포로 생활을 마치고 돌아옵니다. 70년 동안 손꼽아 기다린 날입니다. 여호와 하나님은 예레미야를 통해 이미 돌아올 것을 약속했습니다. 하지만 포기한 이들이 많았습니다. 그 약속이 실현되자 모두 기뻐했습니다. 스룹바벨 총독과 여호수아 제사장과 함께 무너진 예루살렘 성전을 다시 쌓았습니다. 에스라는 여호와 하나님의 토라(가르침)를 다시 가르칩니다. 다시 시작하면 잘 될 줄 알았습니다. 말로는 하나님의 토라를 따른다고 했지만, 포로귀환 백성은 실천하지 않습니다. 에스라의 신앙개혁은 실패로 돌아갑니다. 기껏 쌓았던 성벽 중 일부도 무너졌습니다. 여호와 하나님은 지친 이들에게 느헤미야를 보냅니다. 느헤미야의 뜻은 '여호와의 위로'입니다. 그가 와서 다시 쌓아야 하는 것은 눈에 보이는 성벽이 아닙니다. 여호와 하나님의 말씀입니다. 그것으로 성벽을 쌓아야 합니다. 우리도 튼튼하고 단단하게 말씀의 성벽을 쌓으면 좋겠습니다. 마음과 뜻과 힘을 다해 하나님을 예배하고, 말씀을 체험합니다.

7

말씀의 성벽을 쌓자

느헤미야
6장 15-16절
8장 5-12절

5 한지 포장을 열어 부서진 타래과자를 접시에 담는다. 부순 타래과자를 만지며 "우리의 굳은 마음도 이렇게 부드러워지길 바란다"고 이야기한다.

6 부드러운 아이스크림과 같이 맛있게 먹는다. 혼자 먹지 않고 친구와 나누어 먹는다. 친구와 함께 사진을 찍어 소중히 기억한다.

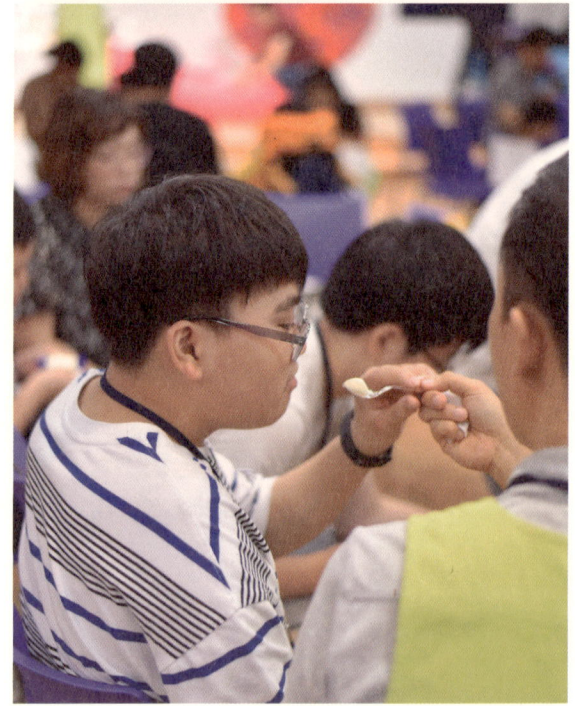
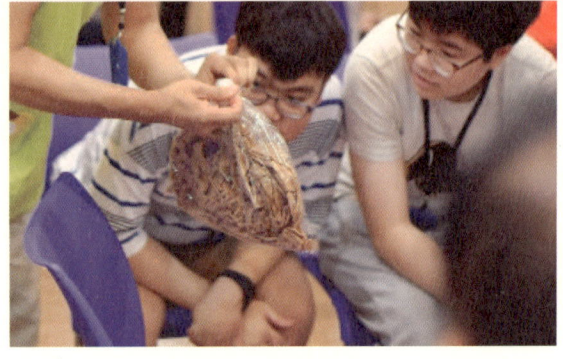

어울리는 찬양 ♪♬

항상 진실케
_ 복음성가

진행하기

3 한지로 포장한 타래과자와 접시를 나누어 준다. 딱딱하고 거친 촉감을 만지며 욕심으로 굳은 마음에 대해 이야기한다. 우리의 마음도 이와 다르지 않음을 기억한다.

4 한지로 포장한 타래과자를 손으로 잘게 부순다. 서로에게 "굳은 마음아 부드러워져라"고 이야기한다.

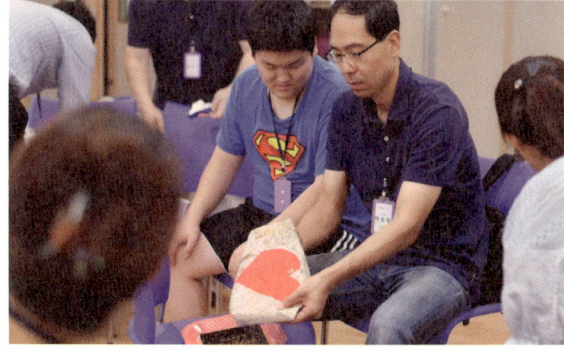

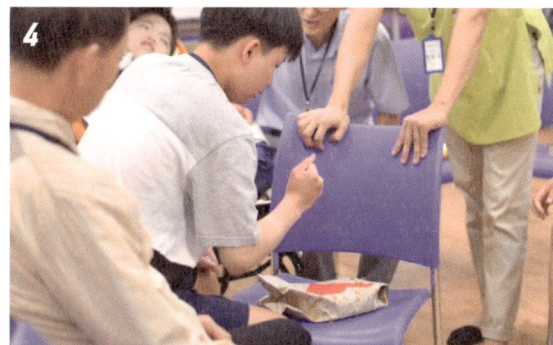

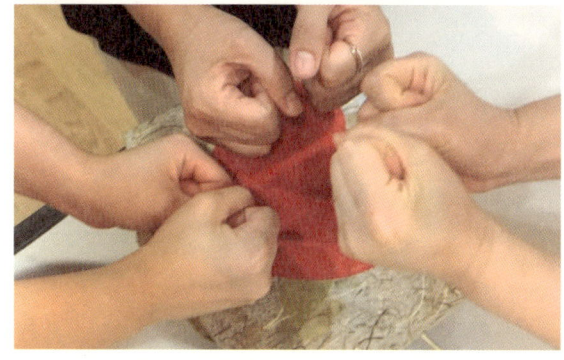

더 생각하기 — 특정 음식 알레르기 또는 유당 불내증으로 유제품을 먹을 수 없거나 당분이 있는 음식은 양을 조절해서 먹어야 하는 친구가 있을 수 있으니 사전에 정보를 미리 확인한 후 활동합니다. 타래과를 부술 때 손으로 하기 어려운 친구는 다른 신체 부위를 사용하거나 나무 또는 고무로 된 작은 망치를 사용해서 활동에 참여할 수 있도록 준비합니다.

말씀 체험

부드러운 마음으로 살아가자

욕심으로 굳은 마음은 쉽게 부드러워지지 않습니다. 어떻게 하면 굳은 마음을 제거하고 부드러운 마음을 가질 수 있을까요. 굳은 마음을 상징하는 타래과자를 잘게 부순 후 함께 나누어 먹는 말씀체험입니다.

준비물

한지
타래과자
풀
가위
양면테이프
접시
아이스크림
플라스틱 숟가락

미리 준비하기

1 굳은 마음을 뜻하는 타래과자를 거친 한지로 감싼다.

2 하트모양으로 자른 한지를 붙여 포장을 완성한다.

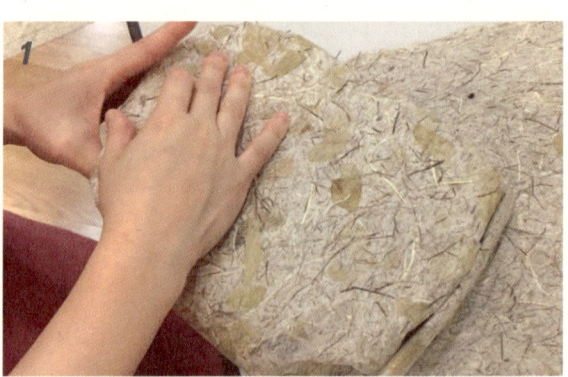

성경 본문

에스겔 36장 23-28절

23. 여러 나라 가운데에서 더럽혀진 이름 곧 너희가 그들 가운데에서 더럽힌 나의 큰 이름을 내가 거룩하게 할지라 내가 그들의 눈 앞에서 너희로 말미암아 나의 거룩함을 나타내리니 내가 여호와인 줄을 여러 나라 사람이 알리라 주 여호와의 말씀이니라
24. 내가 너희를 여러 나라 가운데에서 인도하여 내고 여러 민족 가운데에서 모아 데리고 고국 땅에 들어가서
25. 맑은 물을 너희에게 뿌려서 너희로 정결하게 하되 곧 너희 모든 더러운 것에서와 모든 우상 숭배에서 너희를 정결하게 할 것이며
26. 또 새 영을 너희 속에 두고 새 마음을 너희에게 주되 너희 육신에서 굳은 마음을 제거하고 부드러운 마음을 줄 것이며
27. 또 내 영을 너희 속에 두어 너희로 내 율례를 행하게 하리니 너희가 내 규례를 지켜 행할지라
28. 내가 너희 조상들에게 준 땅에서 너희가 거주하면서 내 백성이 되고 나는 너희 하나님이 되리라

남유다는 나라가 망해가는데도 고집스러운 욕심과 우상숭배를 포기하지 않습니다. 우상은 하나님보다 소중하게 여기는 모든 존재입니다. 더불어 샬롬을 향한 여호와 하나님의 토라(가르침)를 무시했습니다. "이제는 정신 차리고 돌아오라"는 여호와 하나님의 요청을 듣지 않았습니다. 애써도 잘 안 되는 일이 우리에게도, 하나님에게도 있습니다. 그래서 벗이 될 수 있습니다. 북이스라엘처럼 남유다도 자기 욕심에 취해 망했습니다. 백성은 바벨론에 포로로 끌려갔습니다. 이제 포기할 만도 한데 하나님은 에스겔을 통해 아슬아슬한 희망을 전합니다. 그들에게 욕심으로 굳은 마음을 버리고 부드러운 마음을 가지라고 합니다. 예레미야는 "만물보다 거짓되고 심히 부패한 것은 마음이라 누가 능히 이를 알리요마는 나 여호와는 심장을 살피며 폐부를 시험하고 각각 그의 행위와 그의 행실대로 보응하나니(렘17:9-10)"라고 합니다. 에스겔의 뜻은 '하나님의 강함'입니다. 하나님이 강한 것은 인간의 부패한 마음을 새롭게 하기 때문입니다. 마음과 뜻과 힘을 다해 하나님을 예배하고, 말씀을 체험합니다.

6

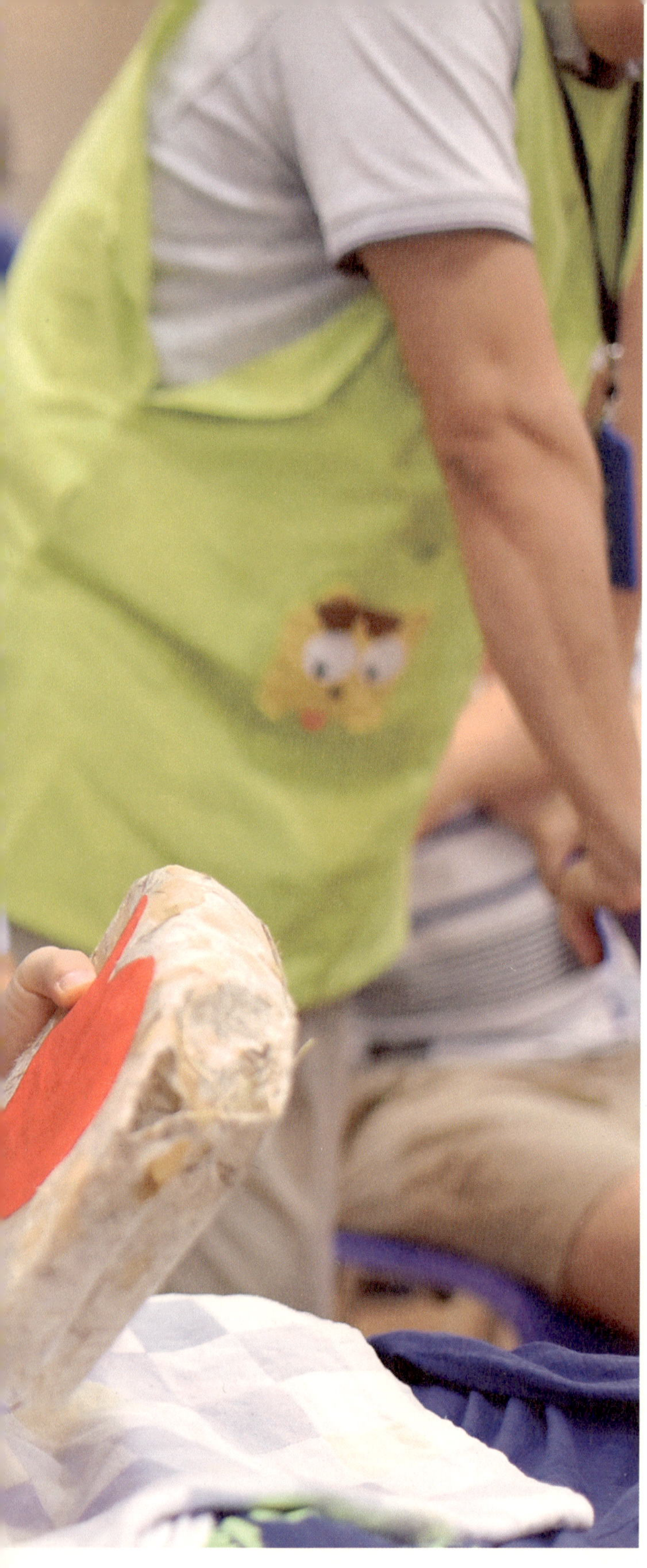

부드러운 마음으로 살아가자

에스겔

36장 23-28절

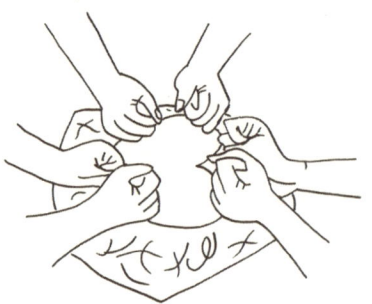

7 서로 애썼다고 격려하며 에어베드에 누워 편히 쉰다. 에어베드에 누워 사진을 찍어 소중히 기억한다.

8 다음 친구가 오면 일어난다. 다른 친구가 믿음의 길을 걸을 때 곁에서 "마지막까지 믿음으로 걸어가자"고 이야기하며 응원한다.

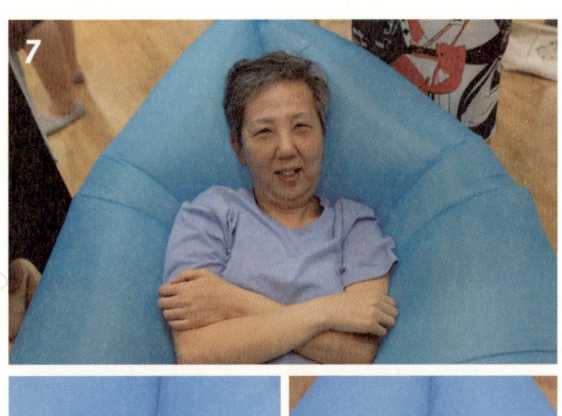
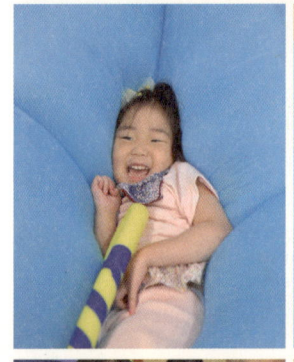

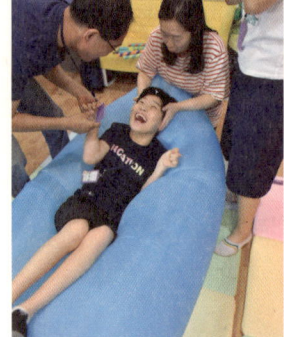
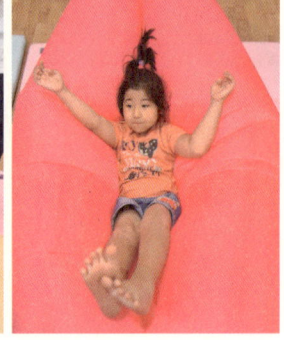
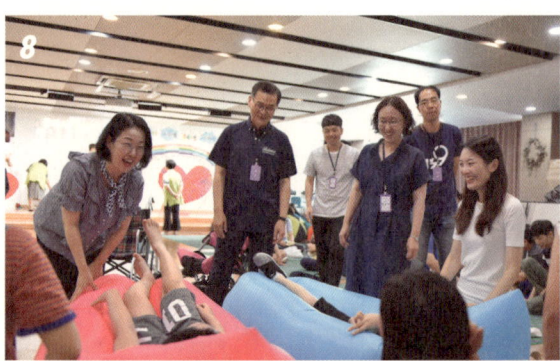

어울리는 찬양 ♪♬ 　믿음으로 나아가네
_ 마커스워십

진행하기

3 친구와 교사가 예배실 중앙으로 나와서 줄을 선다. 감각을 더 느끼고 싶다면 맨발로 걷는다.

4 손을 잡고 지압판을 천천히 걷는다. 걷는 내내 "마지막까지 믿음으로 걸어가자"고 이야기한다.

5 발모양을 따라 걷는다. 에어캡을 밟고 지나간다.

6 길을 다 걸은 후 다시 "마지막까지 믿음으로 걸어가자"고 이야기한다.

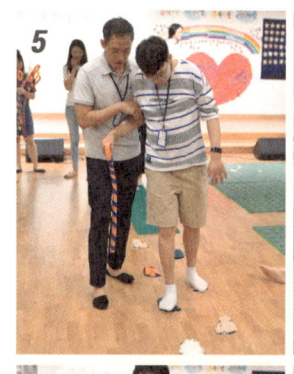

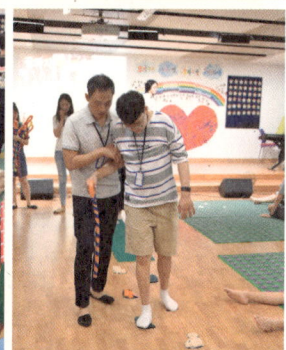

더 생각하기

고된 삶을 표현하는 길을 만들 때 탁자나 방석, 재활용품 등 주변에 있는 재료나 도구 등을 활용하면 좋습니다. 에어베드를 구하기 어렵다면 푹신한 의자나 이불 등으로 대체할 수 있습니다. 활동을 시작하기 전 길의 처음부터 마지막까지 교사가 먼저 시범을 보입니다. 신체 움직임에 제한이 있어 스스로 걷거나 활동하기 어려운 친구를 도와 친구가 참여할 수 있는 영역만큼 활동할 수 있도록 하며, 무리하게 진행하지 않습니다.

말씀 체험

마지막까지 믿음으로 걸어가자

여호와 하나님의 구원(심판과 회복)을 바라는 삶, 만만치 않습니다. 세상에서 믿음을 지키는 것도 마찬가지입니다. 우리의 고된 삶을 표현하고자 지압판과 에어캡 등으로 길을 만듭니다. 마지막까지 걸어간 후 에어베드에 누워 편히 쉬는 말씀체험입니다.

준비물

지압판
발모양 종이
에어캡
에어베드

미리 준비하기

1 예배실 중앙에 길을 만든다. 지압판과 발모양 종이와 에어캡 등으로 고단한 인생길을 표현한다.

2 에어베드는 미리 바람을 넣어둔다.
· 포털사이트 검색 후 구입한다.

다니엘 12장 1-4절

1. 그 때에 네 민족을 호위하는 큰 군주 미가엘이 일어날 것이요 또 환난이 있으리니 이는 개국 이래로 그 때까지 없던 환난일 것이며 그 때에 네 백성 중 책에 기록된 모든 자가 구원을 받을 것이라
2. 땅의 티끌 가운데에서 자는 자 중에서 많은 사람이 깨어나 영생을 받는 자도 있겠고 수치를 당하여서 영원히 부끄러움을 당할 자도 있을 것이며
3. 지혜 있는 자는 궁창의 빛과 같이 빛날 것이요 많은 사람을 옳은 데로 돌아오게 한 자는 별과 같이 영원토록 빛나리라
4. 다니엘아 마지막 때까지 이 말을 간수하고 이 글을 봉함하라 많은 사람이 빨리 왕래하며 지식이 더하리라

다니엘 12장 10-13절

10. 많은 사람이 연단을 받아 스스로 정결하게 하며 희게 할 것이나 악한 사람은 악을 행하리니 악한 자는 아무것도 깨닫지 못하되 오직 지혜 있는 자는 깨달으리라
11. 매일 드리는 제사를 폐하며 멸망하게 할 가증한 것을 세울 때부터 천이백구십 일을 지낼 것이요
12. 기다려서 천삼백삼십오 일까지 이르는 그 사람은 복이 있으리라
13. 너는 가서 마지막을 기다리라 이는 네가 평안히 쉬다가 끝날에는 네 몫을 누릴 것임이라

여호와 하나님의 구원은 심판과 회복을 통해 이루어집니다. 북이스라엘이 앗수르에게 망했을 때도, 남유다가 바벨론에게 망했을 때도 사라지지 않습니다. 그분의 구원은 완성되지 않았고 천천히, 단단히 이루어지고 있습니다. 바벨론 포로로 잡혀간 자들은 그분의 구원을, 심판과 회복을 기대하지 않았습니다. 그들이 원했던 나라는 돈과 권력이었기에 다 끝났다고 여겼습니다. 하나님은 바벨론에 있던 다니엘을 통해 그분의 구원을 다시 이야기합니다. 다니엘의 뜻은 '하나님의 심판'입니다. 그때나 지금이나 악인은 즐겁게 사는 듯합니다. 의인은 힘겹게 사는 듯합니다. 더는 하나님의 심판을 이야기하거나 두려워하지 않습니다. 다니엘 역시 여러 기적을 경험했지만, 구원의 하나님을 따르기가 쉽지 않았습니다. 하나님은 낙심한 그를 응원합니다. "너는 가서 마지막을 기다리라 이는 네가 평안히 쉬다가 끝날에는 네 몫을 누릴 것임이라(단12:13)"고 합니다. 마지막까지 믿음으로 걸어가면 좋겠습니다. 마음과 뜻과 힘을 다해 하나님을 예배하고, 말씀을 체험합니다.

5

마지막까지 믿음으로 걸어가자

다니엘
12장 1-4절
12장 10-13절

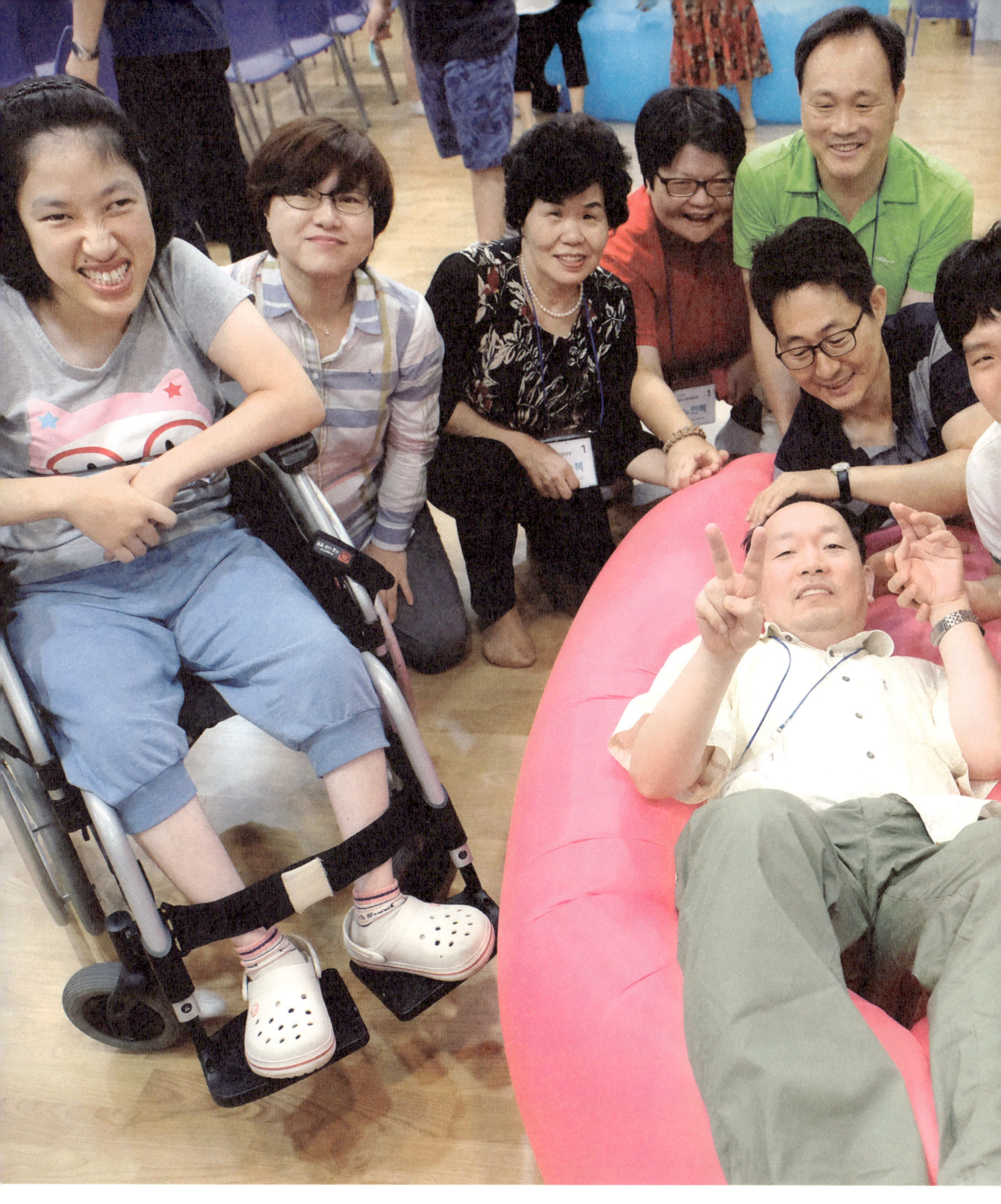

말씀체험

아침마다 다시 노래하자

우리는 모두 고단한 저녁과 밤을 지나 새로운 아침을 맞습니다. 여호와의 자비와 사랑은 아침마다 새롭게 시작합니다. 예레미야애가 3장 22-23절로 만든 노래(주의 인자는 끝이 없고)를 함께 부르고 녹음하는 말씀체험입니다.

준비물
'주의 인자는 끝이 없고' 악보
스마트폰

미리 준비하기

1 '주의 인자는 끝이 없고'를 몇 주 동안 예배 때 부른다.
- 가사를 읽지 못하는 친구는 음을 따라 하거나, 노래에 맞춰 소리를 내게 한다. 노래가 익숙해질 때까지 반복해서 부른다.
- 교사는 가사를 외우는 것이 좋다.

진행하기

2 '주의 인자는 끝이 없고'를 마음과 뜻과 힘을 모아 노래한다. 이를 녹음하거나 촬영한다. 다 같이 앞으로 나와 노래하는 것이 좋다.

3 녹음파일이나 영상파일을 모든 교사와 친구 가족에게 공유한다. 우리가 부른 '주의 인자는 끝이 없고'를 들으며 아침을 시작하게 한다.

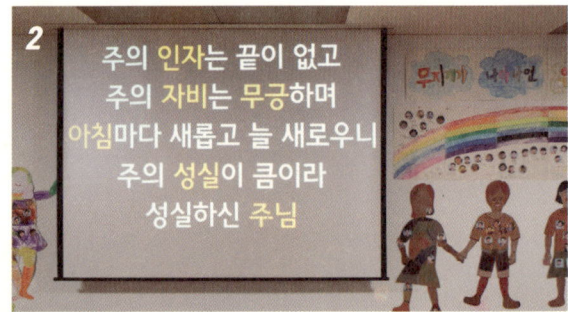

주의 인자는 끝이 없고 _ 우리사랑부 찬양 영상

더 생각하기

노래 부를 때 마이크를 좋아하는 친구에게는 마이크나 장난감 마이크를 줍니다. 마이크를 싫어하거나 마이크의 울림소리에 익숙하지 않은 친구는 동요 등의 노래가 나오는 장난감 마이크로 울리는 소리를 탐색하면서 마이크와 친숙해질 수 있게 합니다. 악보 없는 가사판을 준비하면 가사를 쉽게 읽으며 노래할 수 있습니다. 노래를 못 부르는 친구는 간단한 리듬악기를 연주하거나 율동 또는 손유희를 합니다. 친구가 노래를 부를 때 정확한 가사와 음정이 아니더라도 입으로 소리 내며 즐거워할 때 충분한 칭찬과 격려를 합니다.

어울리는 찬양 ♪♫
나의 영혼이 잠잠히 _ 복음성가

성경 본문

예레미야애가 3장 17-26절

17. 주께서 내 심령이 평강에서 멀리 떠나게 하시니 내가 복을 내어버렸음이여
18. 스스로 이르기를 나의 힘과 여호와께 대한 내 소망이 끊어졌다 하였도다
19. 내 고초와 재난 곧 쑥과 담즙을 기억하소서
20. 내 마음이 그것을 기억하고 내가 낙심이 되오나
21. 이것을 내가 내 마음에 담아 두었더니 그것이 오히려 나의 소망이 되었사옴은
22. 여호와의 인자와 긍휼이 무궁하시므로 우리가 진멸되지 아니함이니이다
23. 이것들이 아침마다 새로우니 주의 성실하심이 크시도소이다
24. 내 심령에 이르기를 여호와는 나의 기업이시니 그러므로 내가 그를 바라리라 하도다
25. 기다리는 자들에게나 구하는 영혼들에게 여호와는 선하시도다
26. 사람이 여호와의 구원을 바라고 잠잠히 기다림이 좋도다

괜찮지 않아도 괜찮습니다. 참고 견디는 것만이 능사가 아닙니다. 여호와 하나님에게도 헤아리기 힘든 슬픔이 있습니다. 성경은 하나님의 감정을 있는 그대로 드러냅니다. 때로는 낯설고 어색하지만, 하나님에게도 후회와 아픔과 좌절과 눈물이 있습니다. 어느 시대에나 그분의 진심을 헤아리는 이들이 필요합니다. 예레미야는 하나님의 슬픔과 아픔과 힘겨움 곁에 거합니다. 예레미야의 뜻은 '여호와의 세움'입니다. 남유다가 망하고 예루살렘 성전이 무너졌습니다. 남유다 마지막왕 시드기야는 눈이 뽑혀 포로로 끌려갔습니다. 이스라엘 백성과 이방인 모두 이제 이스라엘은 끝났다고 여겼습니다. 더는 아침을 기대할 수 없습니다. 예레미야는 무너진 성전 터 위에서 읊조리듯 노래합니다. 소망이 다 끊어진 듯하지만 끝날 때까지 끝난 것이 아니라고 합니다. 여호와의 인자와 긍휼이 무궁해서 진멸되지 않았다고 합니다. 아침마다 새롭게 여호와의 성실한 사랑을 노래하자고 합니다. 기다리는 자들이나 구하는 영혼들에게 여호와는 선합니다. 조용히 여호와의 구원을 기다리면 좋겠습니다. 마음과 뜻과 힘을 다해 하나님을 예배하고, 말씀을 체험합니다.

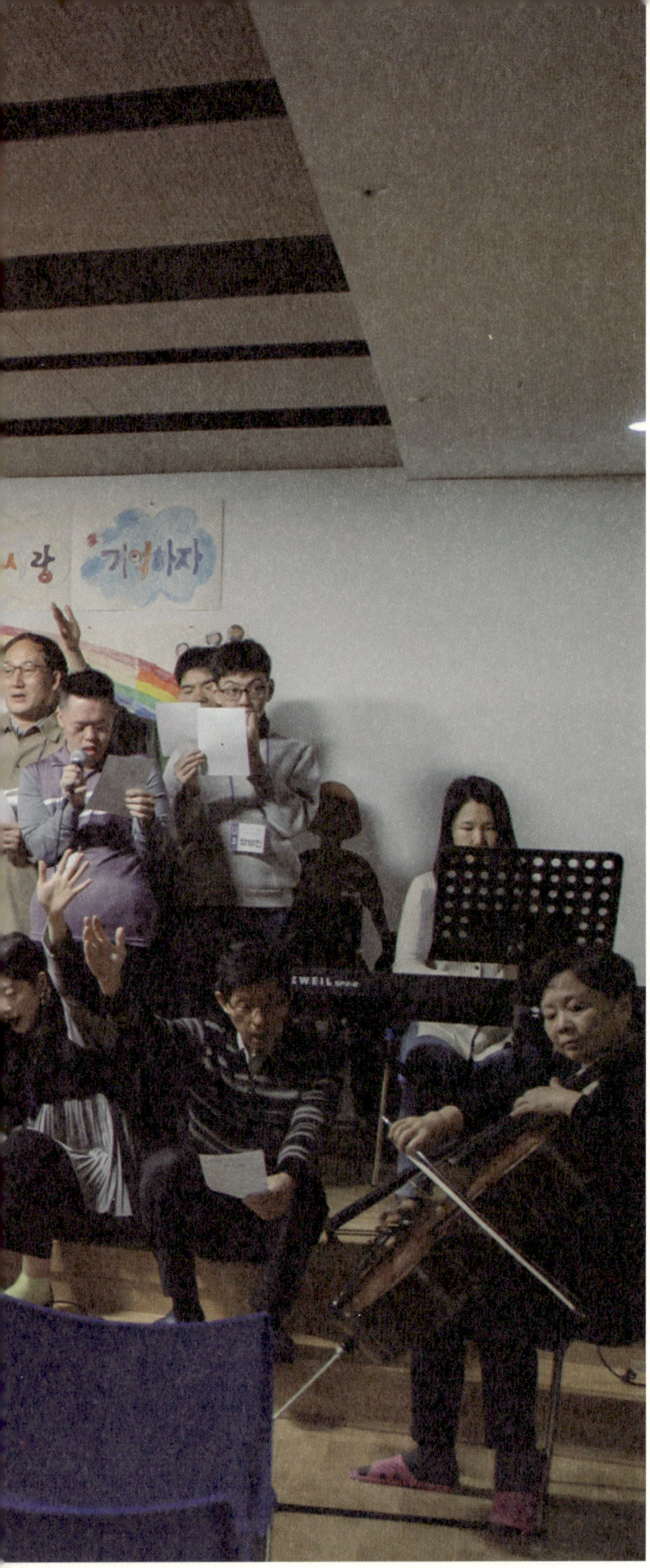

4

아침마다 다시 노래하자

예레미야애가

3장 17-26절

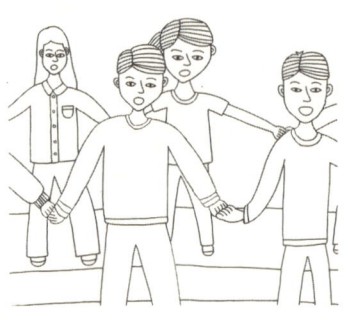

5 종이 네임택에 친구의 이름을 넣어 적는다.
 · "여호와를 사랑하는 OO", "여호와를 즐거워하는 OO", "여호와를 기뻐하는 OO", "없는데 있어서 행복한 OO" 등

6 앙상한 나무에 종이 네임택을 부착한다.

7 앙상한 나무를 들고, "열매가 없어도 여호와의 구원이 있으므로 기뻐하자"고 이야기한다.

8 앙상한 나무를 모아 숲을 만들고 사진을 찍어 소중히 기억한다. 다른 친구가 만든 나무를 보고 만지며 친구를 위해 기도한다.

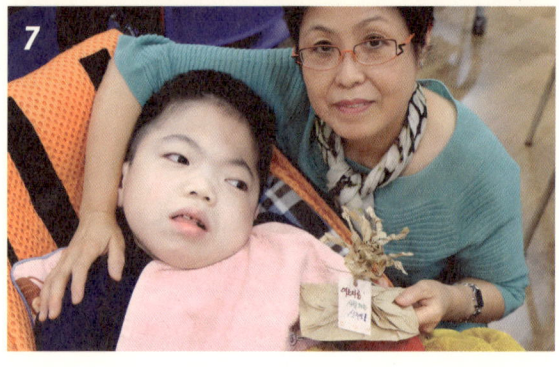

| 어울리는 찬양 ♪♬ | 무화과 나뭇잎이 마르고 _ 복음성가 |

진행하기

3 몸통까지 꼬아진 종이봉투와 종이 네임택을 나누어 준다.

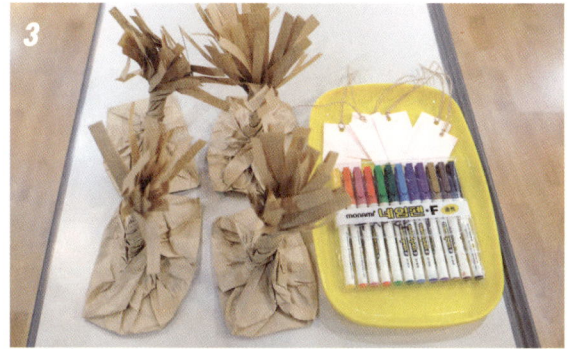

4 가늘게 자른 종이봉투 윗부분을 꼬아서 앙상한 나뭇가지를 만든다.

더 생각하기

종이를 손으로 꼬기 어려운 친구는 종이를 쥐었다 폈다 하면서 구겨진 느낌으로 표현하게 하거나 친구의 손을 교사가 함께 잡고 활동합니다. 앙상한 나무를 표현하기 위해 종이 대신 와이어철사 등을 사용할 수도 있습니다. 또는 찰흙이나 클레이로 밑동을 만들고 빨대 등을 꽂아 표현해도 됩니다. 글씨를 쓰는 활동은 라벨지에 출력한 문구를 붙이게 하거나, 문구를 보고 따라 쓰기, 흐리게 프린트된 종이 위에 덧쓰기 등 다양한 방법을 준비해 모든 친구가 활동에 참여할 수 있도록 합니다.

말씀 체험

없는데 있어서 기쁘다

잎이 마른 무화과나무와 열매 없는 포도나무는 외롭고 쓸쓸하고 애처롭습니다. 자랑할 만한 것이 없는데 농부는 '구원의 하나님'을 즐거이 노래합니다. 종이봉투로 앙상한 나무를 표현하고, "없는데 있어서 기쁘다"라고 고백하는 말씀체험입니다.

준비물

가위
종이봉투
종이 네임택
색연필
사인펜

미리 준비하기

1 종이봉투 윗부분을 가위로 가늘게 자른다. 이 부분을 꼬아서 앙상한 나뭇가지를 만들려고 한다.

2 봉투의 바닥을 평평하게 만든다. 종이봉투를 꼬아서 나무 몸통을 만든다. 종이와 끈을 이용해서 나무에 달 네임택을 만든다.

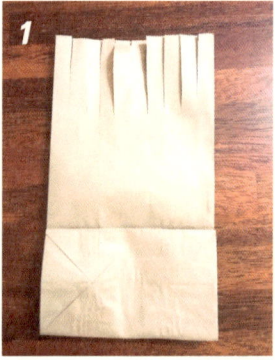

> **성경 본문**

하박국 3장 1-3절

1. 시기오놋에 맞춘 선지자 하박국의 기도라
2. 여호와여 내가 주께 대한 소문을 듣고 놀랐나이다 여호와여 주는 주의 일을 이 수년 내에 부흥하게 하옵소서 이 수년 내에 나타내시옵소서 진노 중에라도 긍휼을 잊지 마옵소서
3. 하나님이 데만에서부터 오시며 거룩한 자가 바란 산에서부터 오시는도다 (셀라) 그의 영광이 하늘을 덮었고 그의 찬송이 세계에 가득하도다

하박국 3장 16-19절

16. 내가 들었으므로 내 창자가 흔들렸고 그 목소리로 말미암아 내 입술이 떨렸도다 무리가 우리를 치러 올라오는 환난 날을 내가 기다리므로 썩이는 것이 내 뼈에 들어왔으며 내 몸은 내 처소에서 떨리는도다
17. 비록 무화과나무가 무성하지 못하며 포도나무에 열매가 없으며 감람나무에 소출이 없으며 밭에 먹을 것이 없으며 우리에 양이 없으며 외양간에 소가 없을지라도
18. 나는 여호와로 말미암아 즐거워하며 나의 구원의 하나님으로 말미암아 기뻐하리로다
19. 주 여호와는 나의 힘이시라 나의 발을 사슴과 같게 하사 나를 나의 높은 곳으로 다니게 하시리로다 이 노래는 지휘하는 사람을 위하여 내 수금에 맞춘 것이니라

예언자의 예는 미리 예(豫)가 아닌 맡길 예(預)입니다. 지금 이곳을 향한 하나님의 말씀을 맡은 자입니다. 내일을 예측하는 자가 아닙니다. 보통 하나님이 예언자에게 말을 겁니다. 그러나 하박국만이 먼저 하나님에게 대답을 요청합니다. 그만큼 다급하고 그만큼 현실을 수용하기 어려웠습니다. 하박국의 뜻은 '씨름하다'와 '포옹하다'입니다. 하박국은 씨름하듯 "왜 의인이 악인 때문에 힘들어해야 하냐"고 따집니다. 그러다 '믿음으로 사는 의인을 찾는 고달픈 하나님'을 만납니다. 그는 하나님의 슬픔을 끌어안고 "없는데 있어서 기쁘다"라고 노래합니다. 언젠가 믿음으로 사는 의인이 부를 노래입니다. 무화과나무가 무성하지 못해도, 포도나무에 열매가 없어도, 감람나무에 소출이 없어도, 밭에 먹을 것이 없어도, 우리에 양이 없어도, 외양간에 소가 없어도 구원의 하나님 여호와로 기뻐한다는. 마음과 뜻과 힘을 다해 하나님을 예배하고, 말씀을 체험합니다.

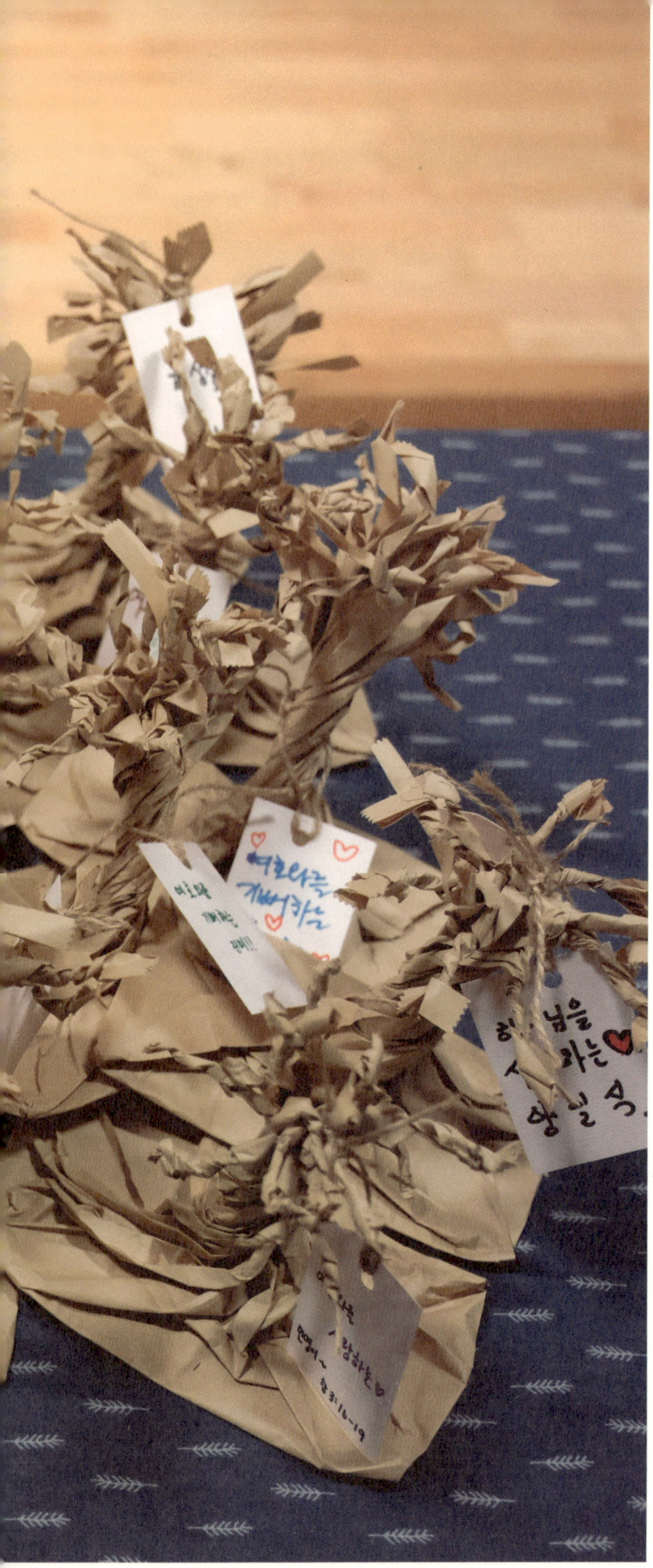

3

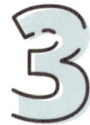

없는데 있어서 기쁘다

하박국

3장 1-3절
3장 16-19절

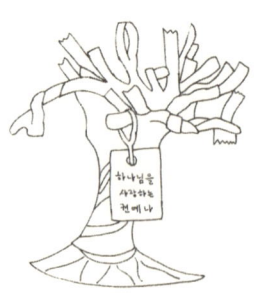

진행하기

3 조별로 강물을 표현할 여섯 조각 종이와 색연필을 나누어 준다.

4 받은 종이에 지정색(무지개색 중에서)을 칠한다. 색칠하면서 "샬롬이 강물처럼 우리나라에 흐르면 좋겠다"고 이야기한다. 무지개색은 언약을 상징한다.

5 색을 다 칠한 후 태극기로 가지고 나온다. 양면테이프를 떼어낸 후 태극기 아래에 붙인다. 흔들리는 부분은 압정으로 고정한다.

6 샬롬이 강물처럼 흐르는 태극기 앞에서 사진을 찍어 소중히 기억한다.

어울리는 찬양 ♪♬ — 오소서 진리의 성령님(부흥2000) _복음성가

말씀 체험

샬롬을 강물처럼 흐르게 하자

2

우리 손으로 만든 태극기는 우리나라를 의미합니다. 샬롬의 강물이 우리나라에 흐르기를 바라며, 다양한 색으로 강물을 표현합니다. 강물을 태극기 아랫부분에 붙이며 우리나라를 응원하는 말씀체험입니다.

준비물

종이(A0)
색연필(무지개색)
양면테이프
압정

미리 준비하기

1. 지난주 물감찍기로 만든 태극기를 준비한다. 완성된 태극기 위에 물감으로 '샬롬이 강물처럼'이라고 적는다. 태극기를 예배실 한쪽 벽에 붙인다.

2. A0 사이즈 종이를 여섯 조각으로 길게 자르고 뒷면 상단에 양면테이프를 붙인다.

더 생각하기

종이를 색칠할 때 롤러나 백붓을 이용해 물감으로 칠할 수 있습니다. 물풀에 파랑 계열의 물감을 섞어 손가락으로 물결무늬를 그리며 칠하면 강물 느낌을 표현할 수 있습니다. 또는 종이 위에 칠하는 대신 부드럽고 얇은 천을 염색 물감으로 염색해 붙인다면 물결처럼 자연스럽게 흔들리는 느낌을 낼 수 있습니다.

6 지난 주일에 만들어 게시한 태극기 앞으로 가지고 나온다. 종이 뒤에 붙은 양면테이프를 제거한다. 샬롬의 강이 우리나라 곳곳에 흐르길 바라며 태극기 주위에 붙인다. 흔들리는 부분은 압정으로 고정한다.

7 태극기를 감싼 샬롬의 강 앞에서 사진을 찍어 소중히 기억한다. 태극기와 샬롬의 강을 손으로 만지며 우리나라를 위해 기도한다.

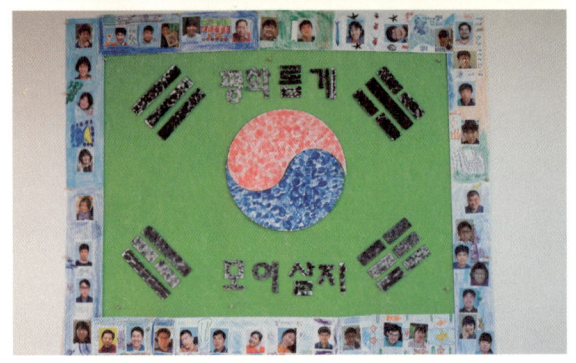

더 생각하기 친구마다 좋아하는(또는 적합한) 색칠 도구(무른 정도, 굵기에 따른 잡기의 수월함, 칠하는 느낌 등)가 다를 수 있으니 한 가지 종류의 색연필보다는 색연필, 크레파스, 파스넷 등 다양한 색칠 도구를 준비합니다(잡는 힘이 약한 친구는 약하게 그려도 진하게 색이 표현되는 크레파스, 힘이 센 친구는 쉽게 부러지지 않는 단단한 크레파스 등). 바탕을 색연필로 칠하는 대신 파랑 계열의 종이를 물결무늬로 잘라서 붙인 후 그 위에 사진을 붙여도 좋습니다. 또는 물결무늬 골판지를 이용합니다.

[진행하기]

5 샬롬의 강 위에 자신의 얼굴 사진을 붙이고, 물고기 등을 그린다.
- 우리가 우리나라에 샬롬을 전하면 좋겠다고 이야기한다.
- 강의 한 부분을 같이 꾸민 친구와 사진을 찍는다.

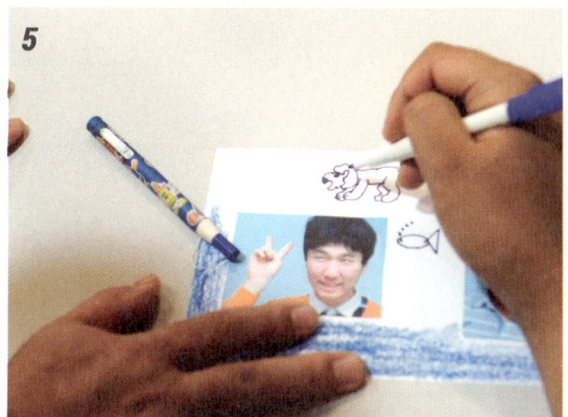

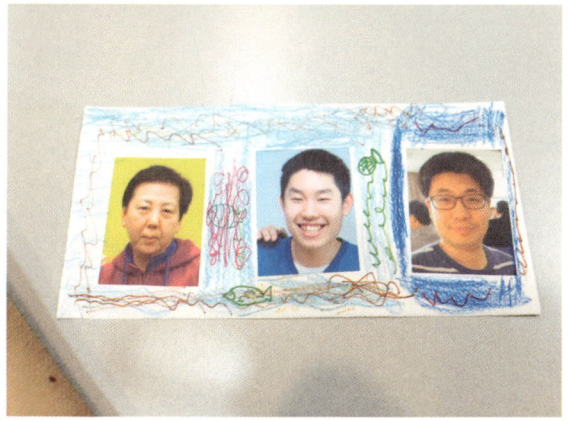
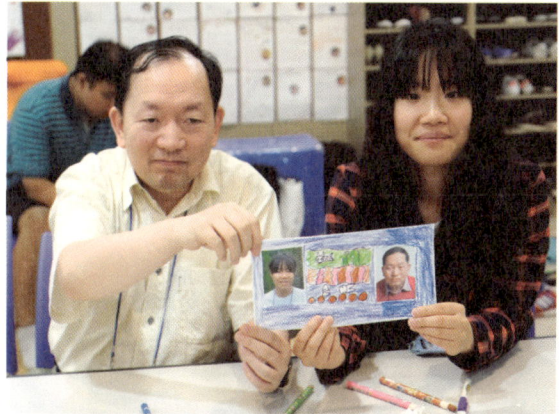

말씀 체험

샬롬을 강물처럼 흐르게 하자

우리 손으로 만든 태극기는 우리나라를 의미합니다. 샬롬의 강물이 우리나라에 흐르기를 바라며, 얼굴 사진과 파란색으로 강물을 표현합니다. 태극기를 강물로 감싸는 말씀체험입니다.

준비물

얼굴 라벨지
두꺼운 종이(A4)
색연필(파란색 등)
양면테이프
압정

미리 준비하기

1 얼굴 라벨지를 준비한다.
· 자신의 사진이 있으면 더 관심을 두고 참여한다.

2 A4 두꺼운 종이 여러 장을 반으로 자른다(길게). 태극기를 감쌀 만큼 준비한다. 종이 뒤에 양면테이프를 붙인다.

진행하기

3 조별로 얼굴 라벨지와 반으로 자른 두꺼운 종이와 색연필(파란색 등)을 나누어 준다.

4 파란색 색연필로 종이를 빼곡히 칠한다.
· 태극기를 감쌀 샬롬의 강이라고 이야기한다.

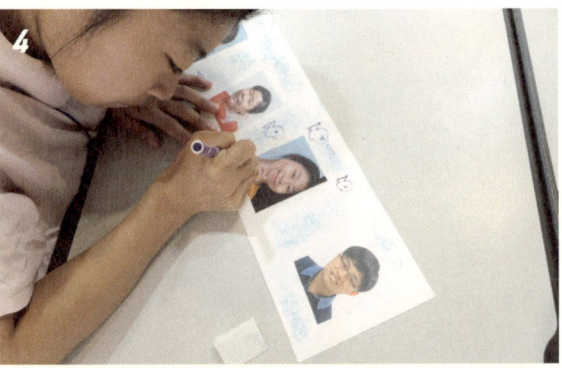

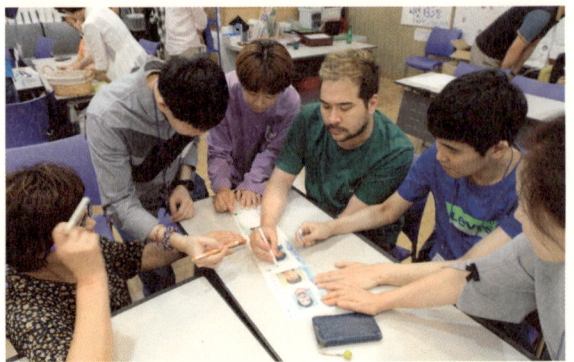

성경 본문

아모스 5장 20-27절

20. 여호와의 날은 빛 없는 어둠이 아니며 빛남 없는 캄캄함이 아니냐
21. 내가 너희 절기들을 미워하여 멸시하며 너희 성회들을 기뻐하지 아니하나니
22. 너희가 내게 번제나 소제를 드릴지라도 내가 받지 아니할 것이요 너희의 살진 희생의 화목제도 내가 돌아보지 아니하리라
23. 네 노랫소리를 내 앞에서 그칠지어다 네 비파 소리도 내가 듣지 아니하리라
24. 오직 정의를 물 같이, 공의를 마르지 않는 강 같이 흐르게 할지어다
25. 이스라엘 족속아 너희가 사십 년 동안 광야에서 희생과 소제물을 내게 드렸느냐
26. 너희가 너희 왕 식굿과 기윤과 너희 우상들과 너희가 너희를 위하여 만든 신들의 별 형상을 지고 가리라
27. 내가 너희를 다메섹 밖으로 사로잡혀 가게 하리라 그의 이름이 만군의 하나님이라 불리우는 여호와께서 말씀하셨느니라

여호와 하나님의 희망은 처음부터 마지막까지 변하지 않습니다. 피조 세상과 더불어 샬롬을 누리는 것입니다. 샬롬이 깨어진 곳에는 그분의 슬픔과 아픔과 애달픔과 고달픔이 있습니다. 북이스라엘과 남유다 모두 자기 욕심에 취해 살면서도 꼬박꼬박 제사드립니다. 하나님의 상처를 무시한 채 자기 욕심을 앞세웠습니다. 그분은 남유다 드고아 목동 아모스를 북이스라엘로 보냅니다. 아모스의 뜻은 '짐을 진 자'입니다. 그분은 그를 통해 샬롬이 사라진, 거짓되고 불의한 예배와 찬양과 기도를 더는 견디기 어렵다고 합니다. 더는 아무런 제사 행위를 하지 말라고 합니다. 정의와 공의가 가득한 참된 샬롬을 추구하라고 합니다. 혼자만의 샬롬이 아닌 더불어 샬롬을 강물처럼 흐르게 해야 합니다. 가정과 일터와 세상과 교회가 더는 부패하지 않도록 맑은 물을 공급해야 합니다. 흐르는 강물처럼 더불어 샬롬을 나누면 좋겠습니다. 마음과 뜻과 힘을 다해 하나님을 예배하고, 말씀을 체험합니다.

2

샬롬을 강물처럼 흐르게 하자

아모스
5장 20-27절

8 손이 닿지 않는 곳에 두고 말린다. 주중에 물감이 다 마르면 나머지 시트지를 제거한다.
  · 물감은 며칠 지나야 완전히 마른다.

9 6조각을 이어 붙여 태극기를 완성한다. 조각이 떨어지지 않도록 부직포에 붙여서 단단하게 고정한다.

우리들 사랑 _ 파이디온선교회

진행하기

5 6등분 한 태극기 한 부분과 아크릴 물감을 조별로 나누어 준다.

6 비닐장갑을 착용한다. 스펀지에 물감을 묻혀 천에 찍는다.
· 꼼꼼하게 찍어야 선명하게 보인다.

7 물감을 찍으면서 "우리 손으로 태극기의 한 부분을 만들자"며, "우리 한 사람 한 사람이 모여 대한민국을 이루고 있다"고 이야기한다.
· 다음 주일 말씀체험(샬롬을 강물처럼 흐르게 하자) 때 태극기를 볼 수 있다. 기대하는 마음을 갖도록 이야기한다.

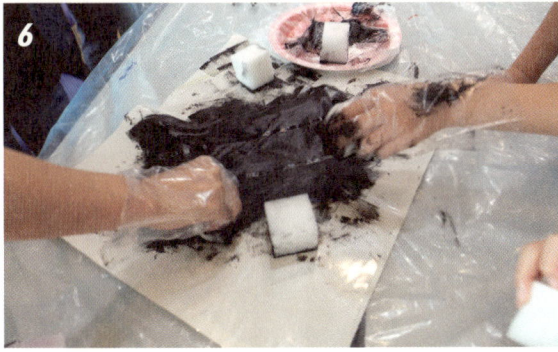

더 생각하기
물감을 사용할 때 물감이 바닥 또는 책상에 묻을 수 있으니 신문지나 김장용 비닐 등으로 미리 덮어놓고 테이프 등으로 고정해 둡니다. 활동하는 교사와 친구는 앞치마와 토시를 착용합니다. 앞치마와 토시를 거부하는 친구는 가정에 미리 이야기해 버려도 괜찮은 옷을 입고 활동합니다. 스펀지를 직접 잡기 어려운 친구는 스펀지 조각 위에 나무 막대 등의 잡기 도구를 연결하여 손에 쥐고 활동하게 하면 좋습니다. 물감을 빨리 말리려면 드라이기나 선풍기를 사용합니다.

> 말씀 체험

평화롭게
모여 살자

우리는 하나님 나라의 소망을 지니고 대한민국에서 삽니다. 하나님은 우리를 통해 우리나라가 조금 더 평화로워지길 소원합니다. 우리가 사는 나라에 샬롬이 가득하길 바라며 태극기를 표현하는 말씀체험입니다.

준비물

아크릴 물감
(빨간색, 파란색, 검은색)
광목천
시트지
종이테이프
자
칼
가위
비닐장갑
스펀지
종이접시
부직포

미리 준비하기

1 광목천과 시트지를 겹치고 종이테이프로 고정한다.

2 시트지 위에 태극기를 그리고 6등분으로 자른다.

3 색을 채워야 하는 부분에 칼집을 내고 시트지를 제거한다.

4 조마다 태극기 조각을 나누어 주고 색을 채우도록 준비한다.

3 초록색 부직포를 예배실 앞에 붙인다(태극기 배경). 태극 문양과 건곤감리와 글자를 부직포에 붙인다. 태극기 모양에 맞게 붙이도록 안내한다.
· 원래 태극기 바탕은 하얀색이지만 우리나라가 하나님의 푸른 초장이길 바라며 초록색으로 진행한다.

4 태극기를 완성하고 사진을 찍어 기억한다. 다음 주일 말씀체험(샬롬을 강물처럼 흐르게 하자) 때 우리 손으로 만든 태극기를 사용한다.

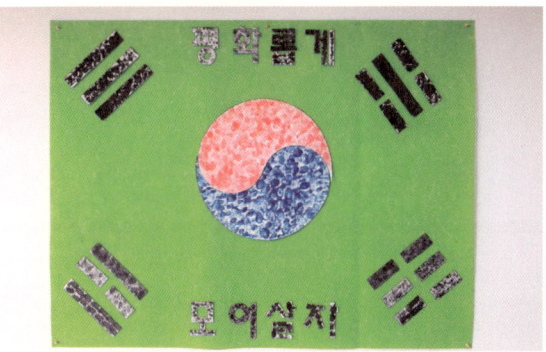

말씀체험

평화롭게 모여 살자

우리는 하나님 나라의 소망을 지니고 대한민국에서 삽니다. 하나님은 우리를 통해 우리나라가 조금 더 평화로워지길 소원합니다. 우리가 사는 나라에 샬롬이 가득하길 바라며 태극기를 표현하는 말씀체험입니다.

준비물

초록색 부직포
두꺼운 종이
물감(빨간색, 파란색, 검은색)
스탬프
벨크로 테이프(거친 면)
양면테이프

미리 준비하기

1 두꺼운 종이에 태극기 모양을 그리고 자른다(태극 문양, 건곤감리). 같은 종이로 '평화롭게 모여 살자'라고 적고 자른다.

진행하기

2 물감과 스탬프에 손가락 도장을 찍어 태극 문양과 건곤감리와 글자에 색을 입힌다. 뒷면에 벨크로 테이프(거친 면)를 붙인다.
· 꼼꼼하게 찍어야 선명하게 보인다.

더 생각하기

손가락으로 물감을 찍는 활동이 싫은 친구는 스펀지 도장, 면봉, 글루건 심에 붙인 폼폼이 등 다른 도구를 사용해서 찍기 활동을 할 수 있도록 돕습니다. 손도장 찍기가 어려운 친구는 팔꿈치, 손등, 발 등의 다른 부위를 사용할 수도 있습니다. 글씨와 태극기를 꾸미는 활동은 물감 대신 동그란 모양의 스티커 등으로 대체하거나 색종이, 색지, 시트지 등 다양한 재료를 사용해서 완성할 수도 있습니다.

성경 본문

예레미야 31장 23-28절

23. 만군의 여호와 이스라엘의 하나님께서 이와 같이 말씀하시니라 내가 그 사로잡힌 자를 돌아오게 할 때에 그들이 유다 땅과 그 성읍들에서 다시 이 말을 쓰리니 곧 의로운 처소여, 거룩한 산이여, 여호와께서 네게 복 주시기를 원하노라 할 것이며
24. 유다와 그 모든 성읍의 농부와 양 떼를 인도하는 자가 거기에 함께 살리니
25. 이는 내가 그 피곤한 심령을 상쾌하게 하며 모든 연약한 심령을 만족하게 하였음이라 하시기로
26. 내가 깨어 보니 내 잠이 달았더라
27. 여호와의 말씀이니라 보라 내가 사람의 씨와 짐승의 씨를 이스라엘 집과 유다 집에 뿌릴 날이 이르리니
28. 깨어서 그들을 뿌리 뽑으며 무너뜨리며 전복하며 멸망시키며 괴롭게 하던 것과 같이 내가 깨어서 그들을 세우며 심으리라 여호와의 말씀이니라

예레미야 33장 10, 12절

10. 여호와께서 이와 같이 말씀하시니라 너희가 가리켜 말하기를 황폐하여 사람도 없고 짐승도 없다 하던 여기 곧 황폐하여 사람도 없고 주민도 없고 짐승도 없던 유다 성읍들과 예루살렘 거리에서 즐거워하는 소리, 기뻐하는 소리, 신랑의 소리, 신부의 소리와 및 만군의 여호와께 감사하라, 여호와는 선하시니 그 인자하심이 영원하다 하는 소리와 여호와의 성전에 감사제를 드리는 자들의 소리가 다시 들리리니 이는 내가 이 땅의 포로를 돌려 보내어 지난 날처럼 되게 할 것임이라 여호와의 말씀이니라
12. 만군의 여호와께서 이와 같이 말씀하시니라 황폐하여 사람도 없고 짐승도 없던 이 곳과 그 모든 성읍에 다시 목자가 살 곳이 있으리니 그의 양 떼를 눕게 할 것이라

처음에 하나님은 하늘과 땅을 당신의 희망으로 창조했습니다(창1:1). 땅이 공허하고 혼돈하며 어둠이 깊음 위에 있지만 하나님의 영이 수면 위에 운행합니다(창1:2). 창세기 1장은 물질의 창조와 더불어 창조의 질서를 이야기합니다. 하나님이 빛이 있으라 하니 빛이 존재하기 시작했습니다. 공허와 혼돈과 어둠을 밝히는 빛은 하나님이 보시기에 좋았습니다(창1:3). 하나님이 원하는 창조 질서는 '우리사랑과 더불어 샬롬이라는 빛'입니다. 세상이 아무리 어두워져도 어둠이 빛을, 거짓이 참을, 불의가 정의를, 탐욕이 샬롬을 이길 수 없습니다. 이것이 첫날에 대한 창조주의 기억이자 그리움이자 기다림입니다. 하나님의 희망은 한결같습니다. 언제나 어디서나 피조 세상과 사람과 더불어 샬롬을 누리는 것입니다. 죄와 욕심으로 어두워졌지만, 그분은 작은 틈만 있더라도 평화의 빛을 비춥니다. 그분의 백성이 더불어 샬롬을 바라며 평화롭게 모여 살길 원합니다. 마음과 뜻과 힘을 다해 하나님을 예배하고, 말씀을 체험합니다.

1

평화롭게 모여 살자

예레미야
31장 23-28절
33장 10-12절

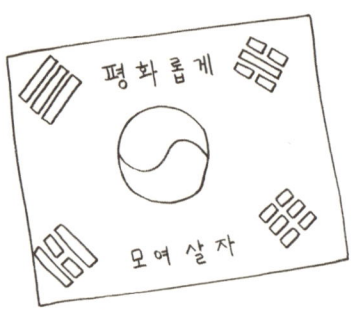

말씀체험

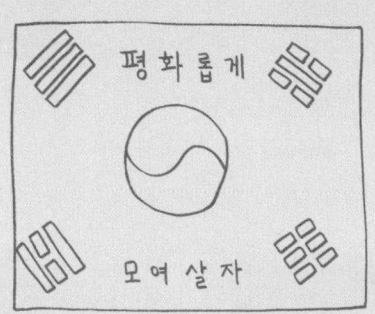

샬롬이 강물처럼

자기 사람을
끝까지 사랑하자
· 134p

발 닦아준 손으로
빵 떼어주자
· 140p

다 이루었으니
다시 시작하자
· 146p

성령의 바람아
불어라
· 152p

오직 성령의 열매는
사랑과
· 158p

우리는
하나님의 밭이라
· 164p

너는 그리스도의
향이 베인 편지라
· 172p

믿음의 상을 위해
더불어 달리자
· 178p

사랑이 없다면
헛되다
· 184p

사랑 안에서
그리스도의 몸을 세우자
· 190p

하나님의 전신갑주로
무장하자
· 196p

우리의 시민권은
하늘에 있다
· 204p

나는 십자가와 부활의
일꾼이다
· 210p

마음으로 뜨겁게
서로 사랑하자
· 216p

서로 돌아보아
사랑과 선행을 격려하자
· 222p

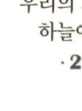
욕심의 불에서 끌어내어
구원하자
· 228p

이기는 자, 새 이름,
보배로운 산 돌
· 234p

구원하심이 우리
하나님과 어린 양에게
· 240p

곡식이 다 익어
거둘 때가 되었다
· 246p

빛나는 새벽 별,
아멘 마라나타
· 252p

한눈에 보기

평화롭게
모여 살자
· 32p

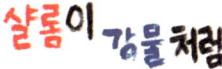
샬롬을 강물처럼
흐르게 하자
· 40p

없는데 있어서
기쁘다
· 48p

아침마다
다시 노래하자
· 54p

마지막까지
믿음으로 걸어가자
· 58p

부드러운 마음으로
살아가자
· 64p

말씀의 성벽을
쌓자
· 70p

여호와,
예루살렘 불성벽
· 76p

그러다 죽게 되면
죽자
· 82p

여호와의 기념책에 있는
참 예배자
· 88p

외양간에서 나온
송아지처럼 뛰리라
· 94p

하늘에서는 영광!
땅에서는 샬롬!
· 100p

친구 넷이
친구 하나 데리고
· 110p

너희는 나를
누구라고 생각하니
· 116p

나는 포도나무요
너희는 가지라
· 122p

호산나
찬송하리로다
· 128p

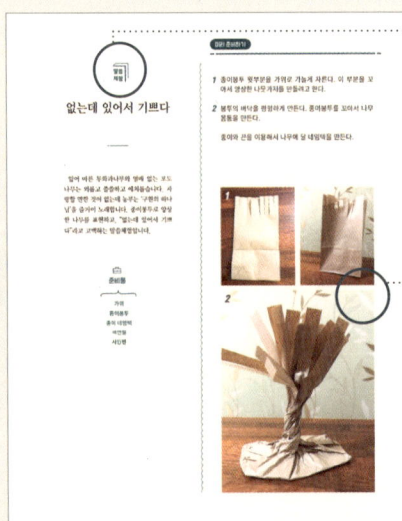

말씀체험 진행
- 말씀체험을 준비하고 진행하도록 단계적이고 구체적으로 설명
- 장애인 부서에서 직접 진행한 활동을 상세한 글과 사진으로 표현
- 누구든 언제든 어디서든 활용해서 진행하도록 최대한 자세히 표현

말씀체험 사진
- 매 과마다 말씀체험 진행 사진 수록
- 발달장애인과 교사가 직접 참여한 생생한 장면 수록
- 말씀체험 과정을 충분히 이해하도록 구체적인 사진 수록

더 생각하기
- 현직 특수교사가 현장에서 진행한 수업을 토대로 전하는 이야기
- 준비물, 진행, 활용 방안에 대한 여러 가지 예를 쉽고 구체적으로 표현
- 다양한 장애 특성을 가진 이들과 많은 부분을 함께할 수 있도록 방법 제시

어울리는 찬양
- 성경 본문과 말씀체험에 어울리는 찬양 선곡
- 쉽게 찾을 수 있도록 찬양 제목과 가수를 함께 안내
- 어린이 찬양, 복음성가, 찬송가 등 다양한 장르 소개

미리보기

주제
- 성경 본문과 말씀체험을 짧고 선명하게 표현한 핵심 주제
- 하나님의 마음을 표현했기에 활동을 진행하며 반복해서 강조
- 주제를 연결하면 창세기부터 요한계시록까지 하나님의 마음이 이어짐

성경본문
- 몸과 마음으로 체험하려는 하나님의 말씀(창세기부터 요한계시록까지)
- 하나님과 함께 성경의 길을 걷고자 역사순으로 성경 이야기를 재배치
- 모세오경, 역사서, 예언서, 지혜서, 복음서, 서신서를 빠짐없이 수록

주제설명
- 말씀체험이 이루어지는 성경 본문과 주제를 짧게 설명하는 이야기
- 장애인 부서 담당교역자는 설교에, 담당교사는 신앙교육에 활용 가능
- 하나님의 마음으로 예배드리고 말씀체험을 하도록 이야기가 계속 이어짐

참고하기

1. 말씀체험에 바른 의미와 흥미와 재미가 있도록 준비하고 진행한다.

2. 발달장애인 개인마다 정서행동 특성이 다르기에 미리 파악한다.

3. 사회성이 부족하거나 생각 주머니가 작을 수 있기에 쉬운 말을 사용한다.

4. 예체능 중심으로 진행하기에 다양한 재료와 도구와 방법을 활용한다.

5. 조금 느리더라도 스스로 말씀체험에 참여하도록 기다리며 대화하고 응원한다.

6. 하나님의 말씀과 마음을 행복하게 누리고 나누도록 기도하며 진행한다.

7. 말씀체험을 함께하기 어려울 만큼 부적응행동이 심하면 쉬게 한다.

8. 칭찬할 때는 최대한 큰 동작과 소리와 표정으로 격려한다.

9. 짧고 쉽고 구체적이고 일상적인 단어와 문장으로 표현한다.

10. 말씀 한 단어와 찬양 한 소절이라도 마음에 품도록 진행한다.

11. 가정과 연계할 수 있도록 말씀체험 내용(글과 사진)을 공유한다.

12. 모든 이들이 창세기부터 요한계시록까지 함께 걸어가듯 진행한다.

13. 할 수 있는 활동은 포기하지 않고, 할 수 없는 활동은 무리하게 진행하지 않는다.

특징보기

1 창세기부터 요한계시록까지 66가지 성경 이야기와 86가지 말씀체험 수록(총 2권)

2 하나님의 말씀을 몸과 마음으로 직접 체험하고 알아가고 살아가는 행복을 나눔

3 장애인 부서(분당우리교회 우리사랑부)에서 직접 기획하고 진행한 체험활동 수록

4 장애를 가진 어린이, 청소년, 청년, 장년이 직접 참여한 생생한 이야기와 사진 수록

5 다양한 장애 유형과 폭넓은 생애주기를 고려했기에 누구든 언제든 어디서든 활용 가능

6 여느 장애인 부서에서 손쉽게 준비하고 활용하도록 상세하게 구체적인 글과 사진 수록

7 발달장애인과 함께하는 다양한 현장(교회, 학교, 기관, 가정 등)에서 활용 가능

8 장애인 부서뿐만 아니라 일반 주일학교도 예배와 예배 후 활동에 활용 가능

9 과마다 주제, 성경본문, 주제설명, 말씀체험 진행, 말씀체험 사진, 더 생각하기, 어울리는 찬양 수록

10 주일예배 전체(찬양, 설교, 기도, 말씀체험)를 하나의 성경 이야기로 구성하도록 기획

11 인지 중심의 공과교육을 벗어나 오감으로 말씀을 체험하도록 다양하게(예체능 중심) 구성

12 장애를 가진 이들과 교사가 다 같이 능동적이고 직관적으로 참여하는 말씀체험 수록

13 별도 공과교재 없이 창세기부터 요한계시록까지 성경 이야기만으로도 다양한 말씀체험 진행

14 주제와 활동에 따라 다양한 형태(일대일, 소그룹, 중그룹, 대그룹)로 진행하는 말씀체험 수록

15 한국밀알선교단(장애인 선교단체)과 분당우리교회 우리사랑부(장애인 부서)가 현장 중심으로 기획

일주일을 분으로 환산하면 1만 80분입니다. 부서에서 주일마다 함께하는 시간은 길어야 80분입니다. 무척 짧은 시간이지만, 일주일 중에서 가장 중요합니다. 하나님의 희망을 긷는 마중물이자, 하나님의 말씀을 체험하고 알아가고 살아가는 이정표입니다. 일주일은 주일예배를 드리는 순간에 시작합니다.

우리(모든 장애인 부서)는 장애인 부서의 주일이 말씀 안에서 조금 더 행복해지길 바랍니다. 마주하는 현실이 막힌 벽처럼 답답하고 막막할 때가 있습니다. 아니, 많습니다. 장애인 부서가 담쟁이 같기를 바랍니다. 말없이, 서두르지 않고, 한 뼘이라도 꼭 여럿이 손을 잡고, 말씀을 따라 걸어가고 살아가면 좋겠습니다. 담쟁이 잎 하나에 잎 수천 개를 이끌고 벽을 넘듯.

이심전심(以心傳心)의 바람으로 수많은 담쟁이에게 『말씀 따라 살아가자』를 전합니다.

담쟁이

_ 도종환

저것은 벽
어쩔수 없는 벽이라고 우리가 느낄 때
그때
담쟁이는 말없이 그 벽을 오른다

물 한 방울 없고
씨앗 한 톨 살아남을 수 없는
저것은 절망의 벽이라고 말할 때
담쟁이는
서두르지 않고 앞으로 나아간다

한 뼘이라도 꼭 여럿이 함께
손을 잡고 올라간다
푸르게 절망을 다 덮을 때까지
바로 그 절망을 놓지 않는다

저것은 넘을 수 없는 벽이라고
고개를 떨구고 있을 때
담쟁이 잎 하나는
담쟁이 잎 수천 개를 이끌고
결국 그 벽을 넘는다

말씀 따라
살아가자

"하나님의 말씀을 몸과 마음으로 체험하며 걸어가고 살아가면 얼마나 행복할까요?"

'발달장애인과 함께하는 말씀체험 이야기'는 이 질문에서 시작되었습니다. 장애를 가진 이들과 하나님의 말씀 안에서 조금 더 행복해지고 싶었습니다. 매주 이야기를 이어가다 보니 어느새 길이 만들어졌습니다. 우리사랑부는 그 길을 '말씀체험 이야기'라고 부릅니다. 창세기부터 요한계시록까지 굽이굽이 이어진 하나님의 마음을 따라 걷고, 또 걷습니다.

'발달장애인과 함께하는 말씀체험 이야기'는 총 2권입니다. 1권 『말씀 따라 걸어가자』는 창세기부터 요나까지 30가지 말씀과 45가지 말씀체험을 담았습니다. 2권 『말씀 따라 살아가자』는 예레미야부터 요한계시록까지 36가지 말씀과 41가지 말씀체험을 담았습니다. '처음에 하나님이(창1:1)'부터 '아멘 마라나타(계22:20-21)'까지 장애를 가진 이들과 함께 걸은 길입니다.

『말씀 따라 살아가자』에는 말씀을 '직접' 체험한 행복과 보람이 가득합니다. 어렵거나 대단하거나 준비를 많이 해야 하는 활동이 아닙니다. 하나님의 말씀을 오감으로 체험하고 알아가고 살아가고 싶은 바람이면 충분합니다. 이야기를 모아 길을 만든 우리사랑부 한 사람 한 사람이 지은이입니다.

『말씀 따라 살아가자』에는 말씀을 '직접' 체험한 글과 사진이 가득합니다. 시행착오와 우여곡절의 흔적도 고스란히 담았습니다. 딱딱한 워크북이 아닙니다. 말씀의 결이 만져지는 생생한 이야기입니다. 장애를 가진 이들뿐만 아니라 누구든 언제든 어디서든 말씀을 체험하는 데 활용할 수 있습니다.

에필로그 — **260p**

---

31 서로 돌아보아 사랑과 선행을 격려하자 — 222p
  히브리서 10장 22-29절

32 욕심의 불에서 끌어내어 구원하자 — 228p
  유다서 1장 17-25절

33 이기는 자, 새 이름, 보배로운 산 돌 — 234p
  요한계시록 2장 12-17절
  베드로전서 2장 4-5절

34 구원하심이 우리 하나님과 어린 양에게 — 240p
  요한계시록 7장 9-17절

35 곡식이 다 익어 거둘 때가 되었다 — 246p
  요한계시록 14장 12-20절

36 빛나는 새벽 별, 아멘 마라나타 — 252p
  요한계시록 22장 12-21절

19 다 이루었으니 다시 시작하자 — 146p
　요한복음 19장 28-37절

20 성령의 바람아 불어라 — 152p
　사도행전 2장 1-4절, 16-21절

21 오직 성령의 열매는 사랑과 — 158p
　갈라디아서 5장 16-26절

22 우리는 하나님의 밭이라 — 164p
　고린도전서 3장 3-11절

23 너는 그리스도의 향이 베인 편지라 — 172p
　고린도후서 2장 14-17절
　고린도후서 3장 1-3절

24 믿음의 상을 위해 더불어 달리자 — 178p
　고린도전서 9장 22-27절
　히브리서 11장 1-3절, 6절

25 사랑이 없다면 헛되다 — 184p
　고린도전서 13장 1-13절

26 사랑 안에서 그리스도의 몸을 세우자 — 190p
　에베소서 4장 7-16절

27 하나님의 전신갑주로 무장하자 — 196p
　엡베소서 6장 10-20절

28 우리의 시민권은 하늘에 있다 — 204p
　빌립보서 3장 12-21절

29 나는 십자가와 부활의 일꾼이다 — 210p
　갈라디아서 2장 20절
　골로새서 1장 18-24절

30 마음으로 뜨겁게 서로 사랑하자 — 216p
　베드로전서 1장 18-25절
　베드로전서 2장 9-11절

말씀 따라 살아가자 — 22p

특징보기 — 24p

참고하기 — 25p

미리보기 — 26p

한 눈에 보기 — 28p

7 말씀의 성벽을 쌓자 — 70p
느헤미야 6장 15-16절
느헤미야 8장 5-12절

8 여호와, 예루살렘 불성벽 — 76p
스가랴 2장 1-5절, 10-13절

9 그러다 죽게 되면 죽자 — 82p
에스더 4장 13-16절
에스더 9장 24-28절

10 여호와의 기념책에 있는 참 예배자 — 88p
말라기 1장 1-2절
말라기 3장 13-18절

11 외양간에서 나온 송아지처럼 뛰리라 — 94p
말라기 4장 1-6절

12 하늘에서는 영광! 땅에서는 샬롬! — 100p
누가복음 2장 4-14절

13 친구 넷이 친구 하나 데리고 — 110p
요한복음 15장 11-15절
마가복음 2장 1-5절

14 너희는 나를 누구라고 생각하니 — 116p
마태복음 16장 13-20절

15 나는 포도나무요 너희는 가지라 — 122p
요한복음 15장 1-10절

16 호산나 찬송하리로다 — 128p
요한복음 12장 9-18절

17 자기 사람을 끝까지 사랑하자 — 134p
요한복음 13장 1-10절

18 발 닦아준 손으로 빵 떼어주자 — 140p
누가복음 22장 13-22절

순서보기

추천의 글 — **6p**

프롤로그 — **12p**

---

1 평화롭게 모여 살자 — **32p**
  예레미야 31장 23-28절
  예레미야 33장 10-12절

2 샬롬을 강물처럼 흐르게 하자 — **40p**
  아모스 5장 20-27절

3 없는데 있어서 기쁘다 — **48p**
  하박국 3장 1-3절, 16-19절

4 아침마다 다시 노래하자 — **54p**
  예레미야애가 3장 17-26절

5 마지막까지 믿음으로 걸어가자 — **58p**
  다니엘 12장 1-4절, 10-13절

6 부드러운 마음으로 살아가자 — **64p**
  에스겔 36장 23-28절

삽화를 그려준 황진호 님이 고맙습니다. 말씀체험 이야기 출간을 응원하고 지원한 기관과 교회와 사람이 고맙습니다. 한국교회 어딘가에서 말씀 따라 걸어가고 살아가는 장애인 부서가 고맙습니다.

처음부터 그랬습니다. 장애인 부서 주일예배와 말씀체험이 정호승 시인의 봄길 같길 원했습니다. 부서마다 함께하는 시간을 소중히 준비하고 기억하길 기대합니다. 말씀체험 이야기가 예배와 예배 후 활동을 이어가는 데 작은 이정표이자 삶과 신앙의 마중물이 되길 바랍니다. 함께 애쓰는 이들에게 조그마한 디딤돌이길 원합니다. 길이 끝나는 곳에서 스스로 봄길이 되어 한없이 걷는 이들이 장애인 부서에 가득하길 희망합니다.

봄길

_ 정호승

길이 끝나는 곳에서도
길이 있다
길이 끝나는 곳에서도
길이 되는 사람이 있다
스스로 봄길이 되어
끝없이 걸어가는 사람이 있다
강물은 흐르다가 멈추고
새들은 날아가 돌아오지 않고
하늘과 땅 사이의 모든 꽃잎은 흩어져도
보라
사랑이 끝난 곳에서도
사랑으로 남아 있는 사람이 있다
스스로 사랑이 되어
한없이 봄길을 걸어가는 사람이 있다

처음부터 그랬습니다. 분당우리교회 우리사랑부 덕분에 말씀체험을 바랐고, 시작할 수 있었습니다. 시작을 만나지 못하는 바람이 많은데, 참 다행입니다. 2014년에 고마운 이들과 우리사랑부를 신설했습니다. 하나님 나라의 샬롬이 가득한 물댄 동산이길 바라며, 조금씩 일구었습니다. 기존 공과교육과 다른, 조금은 낯선 말씀체험을 진행했습니다. 처음 12명으로 시작한 우리사랑부가 현재 우리사랑학생부 50명(4-18세), 우리사랑청년부 45명(19-54세)과 함께합니다.

처음부터 그랬습니다. 우리사랑부 말씀체험은 우리만의 활동이 아니라고 생각했기 때문에 2014년부터 이어온 말씀체험 이야기를 소개하고자 글과 사진을 모두 최대한 상세하고 구체적으로 담았습니다. 예배 때 나눈 말씀을 예배 중이나 후에 바로 적용, 체험하도록 구성했습니다. 말씀체험 이야기를 활용한다면, 별도의 공과교재 없이도 성경 이야기만으로 예배(찬양, 기도, 설교 등)와 말씀체험을 진행할 수 있습니다. 공과교재 구입비를 말씀체험 진행비로 전환하면 됩니다.

처음부터 그랬습니다. 발달장애인을 위한 신앙교육 자료가 부족했습니다. 장애인 부서가 늘어나고 있기에, 다양한 연구개발과 교재발간이 필요합니다. 한국밀알선교단과 분당우리교회 우리사랑부가 말씀체험 이야기를 기획했습니다. 연구개발과 출판비는 밀알복지재단, 남서울은혜교회 함께하는 앙상블, 만나교회 소망부, 분당우리교회 우리사랑부, 수원화산교회 사랑부, 서문교회 사랑부, 선한목자교회 선한사랑부, 안산제일교회 사랑부, 향상교회 사랑부, 태국 큰빛복지선교센터에서 지원했습니다.

처음부터 그랬습니다. 그저 고마웠습니다. 말씀체험 이야기의 출간을 제안한 한국밀알선교단이 고맙습니다. 매주 말씀체험을 생각하고 진행하는 분당우리교회 우리사랑부 말씀체험팀이 고맙습니다. 몸과 마음 다해 참여하는 우리사랑부 장애학생과 교사, 장애청년과 멘토가 고맙습니다. 더 생각하도록 도운 서명지 님과 최승미 님이 고맙습니다. 보기에, 활용하기에 좋도록 디자인 한 이지연 님과 교정하느라 애쓴 김미선 님이 고맙습니다. 간결하고 재미있는 처음부터 그랬습니다. 장애 정도가 심한 경우 공과교재가 전혀 맞지 않았습니다. 경중이라고 해도 '인지 중심'으로 진행하는 교육은 쉽지 않았습니다. 다양한 장애 유형과 폭넓은 생애주기를 지닌 이들이 모였을지라도 비슷한 활동을 하길 바랐습니다. 무엇을 하더라도 하나님의 말씀 안에서 나누길 원했습니다. 발달장애를 가진 이들도 우리 가운데 사는 말씀(예수 그리스도)을 체험하길 희망했습니다. '처음에 하나님이(창1:1)'부터 '아멘 마라나타(계22:20-21)'까지, 길에게 길을 물으며 걷고 싶었습니다.

처음부터 그랬습니다. 예배 때 나눈 말씀을 직관적으로 체험하고 싶었습니다. 성경 본문을 공과교재로 선택했습니다. 출판물로 된 공과교재를 사용하지 않자, 활동의 폭이 넓어졌습니다. 하나님의 감동이 담긴 모든 성경(모세오경, 역사서, 예언서, 시가서, 복음서, 서신서)이 "우리와 함께하자"며 손 내밀었습니다. 성경은 하나님과 같이 걸으며 나누는 이야기입니다. 매주일 성경 본문으로 예배와 말씀나눔(설교), 그리고 말씀체험을 진행합니다.

처음부터 그랬습니다. 중국 현대문학 아버지이자 사상가 루쉰(1881-1936) 이야기처럼 희망이란 있다고도, 없다고도 할 수 없습니다. 그것은 마치 땅 위의 길과 같습니다. 본래 땅에는 길이 없었습니다. 걸어가는 사람이 많아지면 길이 됩니다. 처음에는 막연했습니다. 바람과 현실이 사뭇 달랐습니다. 활동을 만드는 데 한계가 있었습니다. 시행착오를 겪었습니다. 지금도, 앞으로도 어려움이 있을 겁니다. 그래도 말씀체험이라는 희망의 길을 걷고 싶습니다. 지금까지 그랬던 것처럼.

처음부터 그랬습니다. 한해 처음 예배는 '처음에 하나님이(창1:1)'로, 마지막 예배는 '아멘 마라나타(계22:20-21)'로 드렸습니다. 1년 52주 중심 주제는 '하나님 나라의 샬롬'입니다. 매해 말씀과 주제와 활동에 변화를 줍니다. 말씀체험을 똑같이 진행하지 않습니다. 작년 활동을 토대로 논의합니다. 더 넓어지길 바라며, 깊이를 더합니다. 발달장애인 신앙교육에 가장 중요한 건 '지루하지 않게, 다양하게 반복하기'입니다. 성경 이야기에는 수많은 사람과 사건이 등장합니다.

"말씀이 육신이 되어 우리 가운데 거하시매
우리가 그의 영광을 보니 아버지의 독생자의 영광이요
은혜와 진리가 충만하더라(요1:14)"

> 지은이
> **김민수**
> 분당우리교회
> 우리사랑부 담당목사

처음부터 그랬습니다. 하나님과 함께한 말씀이 만물을 창조했습니다. 창조의 생명은 사랑으로 빛납니다. 세상이 욕심으로 어두워졌지만, 하나님은 생명과 사랑으로 어둠을 밝힙니다. 하나님은 말씀으로 창조를 시작했고, 희망을 드러냈고, 언약을 맺었고, 언약백성을 인도했습니다. 말씀이 육신이 되어 우리 가운데 살았습니다. 우리는 그의 영광을 보았습니다. 그는, 하나님과 함께한 말씀은 예수 그리스도입니다. 예수는 '여호와의 구원'을, 그리스도는 '(여호와의 구원을 위해) 기름 부음 받은 자'를 의미합니다.

처음부터 그랬습니다. 육신이 되어 우리 가운데 사는 말씀(예수 그리스도)을 체험하고 싶었습니다. 체험은 단편적인 앎으로 이루어지지 않습니다. 알고 싶은 바를 눈으로 보고, 귀로 듣고, 코로 맡고, 혀로 맛보고, 손으로 만져야 합니다. 몸과 마음으로 겪어야 조금씩, 천천히 알아 가게 됩니다. 모든 성경은 하나님의 감동으로 되었습니다. 교훈과 책망과 바르게 함과 의로 교육하기에 유익합니다. 하나님의 사람으로 온전하게 합니다. 모든 선한 일을 행할 능력을 갖추게 합니다(딤후3:16-17).

처음부터 그랬습니다. 다른 바람은 없었습니다. 발달장애를 가진 유아, 어린이, 청소년, 청장년이 몸과 마음으로 말씀을 체험하길 바랐습니다. 5만 개 넘는 한국교회 중에 장애인 부서가 있는 교회는 350여 개입니다. 상황은 다르지만, 비슷한 점은 하나 있습니다. 예배 후 활동 시간(보편적으로 공과교육)을 아쉬워합니다. 공과교재로 시작하지만 간단히 교육하고, 간식 먹고 마무리합니다. 다양한 장애 유형과 폭넓은 생애주기를 지닌 이들과 함께 '공과'를 진행하는 것은 쉽지 않습니다.

이 책은 하나님의 말씀과 발달장애인을 잇는 징검다리이자, 연합과 섬김의 열매입니다. 소중한 기회를 주신 하나님께 감사드립니다. 우리 모두는 그리스도의 편지로 보냄을 받았습니다. 살아 계신 하나님의 영이 우리 마음 판에 사랑을 새겼습니다. 『말씀 따라 걸어가자』와 『말씀 따라 살아가자』에는 하나님의 생생한 이야기가 담겨있습니다. 이 책이 고린도후서 3장 3절처럼 샬롬을 전하는 편지이길, 우리 마음에 사랑을 새기는 도구이길 원합니다.

책이 나오도록 후원한 밀알복지재단, 남서울은혜교회 함께하는 앙상블, 만나교회 소망부, 분당우리교회 우리사랑부, 수원화산교회 사랑부, 서문교회 사랑부, 선한목자교회 선한사랑부, 안산제일교회사랑부, 향상교회 사랑부, 태국 큰빛복지선교센터에게 감사드립니다. 아낌없이 주는 나무처럼 소중한 자료를 정리하고 공개한 분당우리교회 우리사랑부에게 감사드립니다. '모두가 함께하는 예배운동'과 '발달장애인 신앙교육 프로젝트'는 계속 이어질 것입니다. 하나님 나라의 샬롬이 다 이루어지는 그날까지.

프롤로그

"너희는 우리로 말미암아 나타난 그리스도의 편지니

이는 먹으로 쓴 것이 아니요

오직 살아 계신 하나님의 영으로 쓴 것이며

또 돌판에 쓴 것이 아니요 오직 육의 마음판에 쓴 것이라(고후3:3)"

펴낸이
조병성
한국밀알선교단 단장

한국밀알선교단은 2017년에 '모두가 함께하는 예배운동(Worship Together Movement)'을 시작했습니다. 장애인과 비장애인이 하나님의 가족이자 서로의 형제로 함께하며, 마음 다해 하나님을 예배하는 운동입니다. 하나님의 형상 안에서 장애를 이해하고 있는 그대로 자신과 타인을 사랑하며, 하나님 나라의 샬롬을 더불어 누리고 나눕니다.

2018년 봄에 '모두가 함께하는 예배운동' 일환으로 '발달장애인 신앙교육 프로젝트'를 시작했습니다. 이 프로젝트는 발달장애인과 함께하는 장애인선교 현장과 교회 장애인 부서를 응원하는 연합과 섬김입니다. 프로젝트를 시작한지 1년이 되었습니다. 2019년 봄에 첫 번째 열매인 『말씀 따라 걸어가자』를 출간했고, 겨울에 두번 째 열매인 『말씀 따라 살아가자』를 출간합니다. 두권 모두 분당우리교회 우리사랑부 말씀체험 이야기를 담은 책입니다.

세상은 우리 아이들의 다름을 색안경을 끼고 바라봅니다. 그러나 있는 그대로의 모습을 사랑하시는 하나님의 사랑을 통해 아이들은 느끼고 배우며 성장합니다. 발달 지연을 겪고 있는 이이가 남들과 다르다는 이유로 세상과 사람들로부터 아이를 숨기려고만 했습니다. 교회에서도 또래들과 같이 말씀과 복음을 들을 기회가 없었습니다. 아이와 함께 대 예배의 구석 자리에 머물며 가족 모두는 온전한 예배를 드릴 수 없었습니다. 하나님의 은혜로 우리사랑부 예배에 참여하면서 아이뿐 아니라 가족 모두의 예배가 회복되었습니다. 그곳에서 아이들은 영으로 말씀을 먹고 예배를 통해 회복되고 자라고 있었습니다. 아이들의 변화를 통해 주님께서 그 이름을 세우시고 영광 받고 계십니다. 몇 년 전, 다른 나라로 옮겨 온 후 현지의 사랑부에서 함께 예배를 드리며, 우리사랑부에서 얼마나 쉽게, 체험을 통해 하나님의 말씀을, 주님의 사랑을 전달했는지 더 크게 깨달았습니다. 이 책은 발달장애인뿐 아니라, 모든 사람들의 눈높이에 맞는 체험과 경험을 통해 몸과 영으로 복음을 가르치고 배울 수 있는 가장 좋은 교과서입니다. 이 책이 한국뿐 아니라 다른 나라의 많은 교회에도 알려져, 가장 순수한 아이들의 영혼에 하나님의 말씀을 심는 씨앗이 되길 소망합니다.

허규 | 오레곤벧엘장로교회 사랑부 가족

우리 아들 수민이는 뇌병변 장애입니다. 장애인 아들과 함께 교회에서 예배드리는 것은 현실적으로 힘든 일이었습니다. 4년 전 우리사랑부를 소개받고 첫 예배를 뒤편에서 지켜보던 날이 아직도 생생히 기억납니다. 자유로운 분위기에서 말씀을 배우고 그 말씀을 선생님과 함께 직접 체험하는 시간은 아이들의 웃음으로 가득 찼습니다. 어느 날 예배시간에 하나님 나라 시민권을 만들어 온 수민이가 이제 비행기를 타고 하나님 나라에 갈 수 있게 되었다고 했습니다. 그 말이 모든 걸 다 이룬 것처럼 기쁘고 감격스러웠습니다. 매주 주일마다 하나님 말씀을 따라가는 중인 수민이는 수민이만의 예배를 하나님께 올려드리며 즐거워합니다. 우리사랑부의 이야기를 담은 이 책이 우리와 같은 이들에게 예배의 기쁨을 함께 나누는 길이 되었으면 좋겠습니다.

천나리 | 분당우리교회 우리사랑부 가족

나이, 장애 유형, 정신연령이 다른 친구를 한 자리에 모아 놓고 말씀을 전하고 이해시키는 건 참 어려운 일입니다. 이럴 때 창의력이 필요합니다. 그들의 눈높이에서 말씀을 다시 각본해서 배경과 도구를 준비합니다. 짧은 시간이지만 친구들이 같이 웃으며 손잡고 어렴풋하게 한 절의 말씀이라도 가슴으로 느낍니다. 사랑이라는 추상적인 단어를 행동과 웃음과 서로 잡아주는 손으로 이해합니다. 이걸 몇 달, 몇 년 되풀이하다 보면 언젠가는 그들 가슴마다 예수 그리스도의 형상이 맺혀질 겁니다. 37살 난 아들 제임스는 글을 잘 읽지도, 말을 잘 하지도 못합니다. 주일마다 한 손으로 옷을 낑낑대며 잘 차려입고 머리에 물을 뿌리고 빗어 넘깁니다. 10분 거리 교회를 25분 걸려 걸어갑니다. 우리사랑부 주일예배와 말씀체험을 기다리기 때문입니다. 아들이 우리사랑부에 도착하면 엄마는 돌아보지도 않고 멘토에게 뛰어갑니다. 엄마는 더없이 행복합니다. 아들이 행복한 예배와 말씀체험을 매주 참여할 수 있어서. 매주 애쓰는 교역자와 멘토가 참 고맙고 든든합니다. 우리사랑부 말씀체험 이야기를 모은 두 번째 책이 반갑습니다. 장애인과 함께 말씀을 나누는 곳에 참 좋은 이정표가 될 것입니다.

심정실 | 분당우리교회 우리사랑부 가족

"장애인 사역 현장에서 하나님의 말씀을 어떻게 하면 장애인에게 잘 전할 수 있을까?"라고 매주 고민합니다. 그러던 중 발달장애인과 함께 하는 말씀체험 이야기 1권 『말씀 따라 걸어가자』를 만났습니다. 그 책의 도움을 받아 장애를 가진 형제자매와 함께 하나님의 말씀을 눈으로 보고, 손으로 만집니다. 색칠하고, 오리고 붙이며 오감으로 체험하며 익힙니다. 체험활동들을 통해 장애인에게 하나님의 말씀이 더는 종이에 찍힌 '활자'가 아닙니다. 살아서 움직이는 '활자'가 되었습니다. 1권에 이어 2권 『말씀 따라 살아가자』가 나왔습니다. 2권 역시 모든 사람이 구원을 받으며 진리를 아는 데 이르기를 원하시는 하나님의 마음과 말씀을 잘 담아두었습니다. 이 두 권의 책이 장애인에게 살아계신 하나님의 말씀을 흘려보낼 복된 도구가 될 것을 확신합니다. 장애인과 함께 걸어가고, 살아가는 길에 앞서 수고해주신 분당우리교회 우리사랑부에게 감사드립니다.

배하주 | 향상교회 사랑부 담당목사

장애인과 함께 하는 예배는 감사와 기쁨, 그리고 자유로움이 넘칩니다. 누군가의 소중한 사랑과 헌신이 있다면 그 기쁨은 배가 될 것입니다. 이 책은 하나님의 말씀을 온몸과 마음으로 마주할 수 있도록 길을 열어 주었습니다. 비록 말과 글로 표현할 수 없는 이들이라 할지라도 하나님의 사랑을 마주하고 온몸으로 표현하는 기쁨을 누릴 수 있습니다. 깨알 같은 'TIP(팁)'과 '더 생각하기'는 각 부서와 학생의 상황에 맞게 적용할 수 있도록 도와주었습니다. 그렇게 우리 친구들의 시선에서 바라보고 생각할 수 있게끔 따뜻한 배려가 담겨 있는 책입니다. 장애인과 함께 예배하는 곳 어디서든 이 책을 통해 말씀을 체험하고 알아가는 행복이 가득하길 소망합니다. 말씀을 따라 걷는 기쁨을 장애인 그리고 함께 하는 교사와 교역자 모두가 함께 누릴 수 있길 바라며, 현장에서 앞서 고민해주시고 쉽게 활용할 수 있도록 고이 담아주신 모든 분에게 감사를 드립니다.

윤준경 | 남서울은혜교회 밀알청년1부 담당목사

"하나님은 모든 사람이 구원을 받으며 진리를 아는 데에 이르기를 원하시느니라."(딤전 2:4) 많은 사람은 복음을 들어보지 못한 먼 나라의 사람, 태어날 때부터 특정 종교를 따라야 하는 사람에게 하나님의 복음을 전해야 한다는 말씀이라고 생각합니다. 그 생각이 틀린 것은 아니지만, 우리와 가까운 곳에도 '모든 사람'에 포함되지만 복음을 잘 전달받지 못하는 형제자매들이 있습니다. 이십여 년 전 장애아동 주일학교를 섬기면서 '성경의 메시지를 어떻게 우리 아이들에게 잘 전달할 수 있을까'에 대해 고민하며 머리를 싸매던 기억이 새록새록 떠오릅니다. '누가 이런 자료집을 책으로 좀 내주면 얼마나 좋을까?'라는 바람을 가진 분들이 많았을 겁니다. 그런 소원과 기도가 모여 『말씀 따라 살아가자』가 탄생하게 되었겠지요. 발달장애인을 중심에 놓고 철저하게 체험 위주의 활동으로 구성했을 뿐 아니라 성경의 여러 본문을 고루 다룬 교재를 보니, 놀랍고 감사한 마음 가득합니다. 제 마음이 이럴진대, 하나님께서는 얼마나 감격하고 계실지요. 발달장애를 가진 형제자매들이 우리나라의 어느 교회에 가든 복음을 듣고 체험하면서 하나님을 느낄 수 있기를, 그곳에 주님 나라가 임하기를 간절히 기도합니다.

박지연 | 이화여자대학교 특수교육과 교수

분당우리교회 우리사랑부와 한국밀알선교단이 함께 제작한 '발달장애인과 함께 하는 말씀체험 이야기' 교재가 발달장애인 주일학교뿐만 아니라 교회교육에 크게 이바지하게 됨을 감사하게 생각합니다. 더불어 장애인이 말씀을 더 가깝게 경험하는 데 꼭 필요한 교재가 나오게 된 것을 기쁘게 생각합니다. 발달장애인(지적, 자폐성 장애)이 예수님, 십자가, 구원, 복음을 단순한 언어가 아닌 보고, 느끼고, 체험할 수 있도록 교재가 구성되어 있어 실제 장애인 주일학교에서 효율적으로 사용될 수 있는 교재입니다. 발달장애인들이 오감으로 성경을 여행할 수 있다는 것은 이 교재의 큰 장점입니다. 설교자를 통해 들은 하나님의 말씀을 직접 경험하고, 성경 이야기 속으로 들어가 오감으로 느끼고, 그 의미를 다시 떠올리게 할 수 있습니다. 영적 아비, 어미의 마음으로 한 영혼을 품에 안고 말씀을 먹이는 수많은 장애인 주일학교 사역자와 교사들에게 큰 도움이 되기를 소원합니다.

김도림 | 수영로교회 사랑부 담당목사

다음 세대는 경이롭습니다. 기성세대가 만들어놓은 욕심 가득한 세상에서 파란 희망의 꿈을 꿉니다. 어떻게 하면 믿음 안에서 살아가야 할 다음 세대가 쉽고 재미있게 성경 이야기를 접할 수 있을까요? 파이디온선교회가 늘 기도하고 연구하며 답해가는 질문입니다. 수년 전에 남서울은혜교회에서 교육 디렉터로 사역하며, 장애인을 위한 신앙교육 교재가 많이 부족하다는 사실을 알게 되었습니다. 그래서 『말씀 따라 걸어가자』와 『말씀 따라 살아가자』를 보며 무척 반가웠습니다. 말씀을 몸과 마음으로 체험한 이야기가 가득한 이 책은, 부서 상황에 맞게 활용 가능한 워크북입니다. 꾸밈이나 과장 없이 있는 그대로 표현했기에 어색하지 않고 자연스럽습니다. 말씀을 듣게 하고 보게 하고 행하게 하는 기독교 교육의 핵심도 소중히 담겨 있습니다. 이 책을 통해 "하나님의 말씀은 살았고 운동력이 있다(히4:12)"는 말씀을 다시 고백했습니다. 장애인 부서뿐만 아니라 여느 주일학교에서도 얼마든지, 행복하게 활용할 수 있습니다. 직접 해보면 우리사랑부 친구들처럼 무척 즐거울 것입니다. 파란 희망의 꿈을 꾸는 이들에게 이 책을 추천합니다.

고종율 | 파이디온선교회 대표

발달장애인의 인구가 해마다 늘어나고 대한민국은 복지국가의 반열에 올라 있지만, 장애인들의 영적 재활을 위한 장애인 주일학교 개교는 거북이처럼 더디기만 합니다. 눈높이에 맞는 말씀으로 신앙교육을 할 수 있는 교재도 턱없이 부족합니다. 그래서 『말씀 따라 살아가자』가 1권에 이어 2권이 출간하게 된 것이 반가울 뿐입니다. 그동안 하나님의 말씀을 가르치며 많은 선생님이 공과책이 어려워, 학생들의 특성과 이해가 부족하여 말씀으로 양육하지 못하고 단지 돌보아주는 역할에 만족한 경우들이 있었습니다. 발달장애인들이 직접 공과에 동참하고 객체가 아닌 주체가 되어 말씀 가운데 들어가 영의 양식을 먹을 수 있게 된 것은 큰 축복입니다. 이제는 교회에서 사회복지를 통한 육체 재활과 워크북을 통한 영적 재활로 장애인들을 위한 전인적인 재활을 할 수 있는 길이 열리게 된 것을 축하하면서 이 책을 추천합니다. 말씀으로 양육된 발달장애인들이 더욱 하나님을 깊이 알아가는 계기가 되어 진정한 예배자의 모습을 회복하고 하늘나라 선교사로서 하나님의 나라를 넓혀가는 선한 도구들이 되기를 바랍니다.

진병진 | 한국장애인선교단체총연합회 부회장

추천의 글

그리스도인에게 말씀은 곧 생명이고 능력입니다. 그래서 날마다 우리의 삶에 말씀이 있어야 합니다. 『말씀 따라 살아가자』 발달장애인들을 위한 성경 공부 교재가 출간되었습니다. 책 속에는 하나님의 말씀을 알아가는 기쁨이 가득합니다. 이 교재로 말미암아 좀 더 우리 믿음의 형제, 자매들이 삶 속에서 하나님의 말씀을 더 가까이 알아가길 원합니다. 그리고 책을 통해 말씀의 은혜와 능력을 다짐하는 복된 계기가 되길 바랍니다.

홍정길 | 밀알복지재단 이사장

발달장애의 가장 큰 문제는 의사소통의 어려움입니다. 그래서 발달장애인을 교육하기가 쉽지 않은 것은 당연합니다. 전국 350여 교회가 발달장애인을 위한 부서를 마련하고 하나님 말씀을 가르치려 애를 쓰지만 별로 큰 성과를 거두지 못하고 있습니다. 이런 상황에서 김민수 목사가 상당한 연구와 교육 경험을 바탕으로 발달장애인을 위한 성경교재를 제작했습니다. 말로만이 아니라 그림과 몸짓으로 성경의 가르침을 조금이라도 더 많이 이해하도록 상당한 노력을 기울였습니다. 세계에서 유례가 드문 특별한 시도가 아닌가 합니다. 발달장애아동과 성경을 가르치는 교사들에게 좋은 교재가 될 것입니다. 발달장애인을 위한 분당우리교회 우리사랑부의 헌신에 감사합니다.

손봉호 | 기아대책기구 이사장

책이 나오도록 후원한 밀알복지재단, 남서울은혜교회 함께하는 앙상블, 만나교회 소망부, 분당우리교회 우리사랑부, 수원화산교회 사랑부, 서문교회 사랑부, 선한목자교회 선한사랑부, 안산제일교회 사랑부, 향상교회 사랑부, 태국 큰빛복지선교센터에게 감사드립니다.

말씀 따라 살아가자

초판발행 | 2019년 12월 15일

지은이 | 분당우리교회 우리사랑부, 김민수
펴낸이 | 조병성

진행 | **말씀체험** 김나영, 김은정, 김해솔, 이선경, 이유정, 이은경, 정진미, 주연아, 주진아, 홍연실
　　　 더 생각하기·어울리는 찬양 서명지, 최승미
사진 | 안상준, 이중렬, 최태환, 김민수
교정 | 김미선
편집디자인 | 이지연
일러스트 | 황진호(자폐성 장애를 가진 삽화 작가)

기획 | 한국밀알선교단 밀알사역연구소
펴낸곳 | 밀알
등록번호 | 537-95-00018
주소 | 서울시 강남구 광평로 295(수서동, 사이룩스) 동관 207호
전화 | 02-3411-6896
팩스 | 02-3411-6657
인쇄 | 열매상사

ISBN | 979-11-966743-2-8

저작권법에 의해 보호를 받는 저작물로 무단 전재와 복제를 금합니다.
잘못된 책은 구입처에서 교환해 드립니다. 책값은 뒤표지에 있습니다.
수익은 한국밀알선교단을 통해 장애인선교사역에 사용합니다.

친환경 종이(그린라이트)를 사용했습니다.

말씀 따라 살아가자

발달장애인과 함께하는 말씀체험 이야기 2

분당우리교회 우리사랑부 · 김민수 지음

밀알

말씀 따라 살아가자